회복 탄력성이 있는
삶과 사역을 위한
목회 가이드

처음도 끝도
좋은
목회자

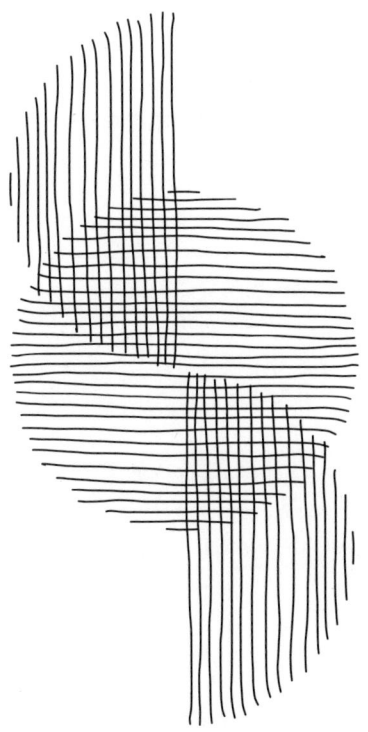

마크 댄스 지음·김진선 옮김

Start to Finish:
The Pastor's Guide to Leading a Resilient Life and Ministry
ⓒ 2023 by Mark Dance
Originally publishied in English under the title *Start to Finish* by B&H Publishing Group, an imprint of Lifeway Christian Resources, Brentwood, Tennessee, USA.
All rights reserved.

Korean translation edition ⓒ 2023 by Timothy Publishing House, Seoul, Republic of Korea
This Korean edition published in arrangement with B&H Publishing Group through Riggins Rights Management.

이 한국어판의 저작권은 Riggins Rights Management를 통하여 B&H Publishing Group과 독점 계약한 (주)도서출판 디모데에 있습니다. 신 저작권법에 따라 한국 내에서 보호받는 저작물이므로 무단 전재와 무단 복제를 금합니다.

처음도 끝도 좋은 목회자

1쇄 발행   2023년 10월 30일
지은이   마크 댄스
옮긴이   김진선
펴낸이   고종율
펴낸곳   주)도서출판 디모데〈파이디온선교회 출판 사역 기관〉
등록   2005년 6월 16일 제 319-2005-24호
주소   서울특별시 서초구 서초대로 141-25(방배동, 세일빌딩)
전화   마케팅실 070) 4018-4141
팩스   마케팅실 02) 6919-2381
홈페이지   www.timothybook.com
ISBN   978-89-388-0002-2 (03230)

ⓒ 2023 도서출판 디모데 All rights reserved. 〈Printed in Korea〉

처음도 끝도
좋은
목회자

예수님과 그분의 신부를
어떻게 사랑해야 하는지 몸소 보여주신
나의 어머니와 아버지에게 이 책을 바칩니다.
이 책은 두 분에게 물려받은
유산의 열매입니다.

차례

감사의 글 / 9

추천의 글 / 11

들어가는 글 / 17

1장. 가장 중요한 일 / 25

2장. 4차원적 사랑 / 43

3장. 마음을 다하여 / 57

4장. 목숨을 다하여 / 79

5장. 뜻을 다하여 / 99

6장. 힘을 다하여 / 123

7장. 평가와 적용 / 145

8장. 나의 이웃은 누구인가? / 157

9장. 가족이라는 이웃 / 175

10장. 우정을 나누는 친구라는 이웃 / 201

11장. 전 세계의 이웃 / 219

12장. 평가와 적용 / 241

주 / 249

감사의 글

이 책을 쓰는 긴 시간 동안 격려를 아끼지 않고 곁을 지켜준 아내 재닛에게 고마운 마음을 전한다. 가정과 교회와 사역자를 대상으로 목회할 때 아내는 나의 든든한 우군이었을 뿐 아니라 사역자 부부를 위한 '100 플러스(100-plus) 결혼 이벤트'에 동역자로서 함께 섬겨주었다.

이 프로젝트를 진행하던 초창기에 나는 필립 네이션(Philip Nation) 박사의 도움을 자청해서 받았다. 성공한 사역자이자 작가인 그는 사역 리더들이 제대로 시작하고 마무리하게 한다는 야심찬 목표를 나와 공유하는 둘도 없는 친구다. 필립의 따뜻한 배려와 탁월한 학문적 지성 덕분에 책의 완성도가 훨씬 높아질 수 있었다. 그의 도움을 받지 못했다면 이 책은 세상의 빛을 볼 수 없었을 것이다.

마지막으로 한스 딜벡(Hance Dilbeck)과 데이비드 퍼거슨(David Ferguson) 박사 부부에게 감사드린다. 가이드스톤(GuideStone)과 케어포패스터스(Care4Pastors) 사역이라는 유산을 내게 맡겨주셔서 감사하다.

추천의 글

　　　　　바이애슬론은 매우 매혹적인 경기다. 4년마다 동계 올림픽이 열리면 나는 그 놀라운 선수들이 서로 최선을 다해 겨루는 장면을 시간 가는 줄 모르고 지켜본다. 남자 선수들은 20킬로미터를 스키로 완주하고, 여자 선수들은 15킬로미터를 완주해야 하며, 무게가 약 3.5킬로그램에 이르는 소총을 등에 메고 20회에 걸쳐 축구장 절반 거리에 있는 5센티미터의 과녁을 명중시켜야 한다. 나는 기술과 정확도와 지구력이 동시에 필요한 이 종합 예술에 매료당한다. 과녁을 명중시키는 것만으로 충분하지 않고 경기를 이기는 것으로도 충분하지 않다. 과녁을 명중시키는 동시에 경기를 완주해야 한다.
　　바이애슬론은 목회 생활을 묘사하는 데 매우 적합한 메타포다. 목회자는 매일 명중시켜야 할 삶의 무게를 감당하며 살아간다. 사시사철 어떤 상황이나 환경에서도 옳은 일을 하며 주어진 일을 감당해야 하는 부담감을 안고 살아간다. 실제로 과녁의 동심원을 보면 끊임없이 목회자에게 밀려드는 요구가 생각난다. 하나님과 올바른 관계를 맺고, 자기 자신과 화해하며, 교회나 이웃과 올바른 관계를 유지하며 살아야 한다. 영적 건강과 육신의 건강, 정신적 건강이라는 목표물을 명중시켜야 한다. 당연히 재정적, 정서적, 관계적 소명에 관한 과녁도 명중시켜야 한다.

바이애슬론 선수처럼 목회자는 장기간 목표물에 집중해야 한다. 대부분 경기에서 여러 목표물을 명중시킬 수 있다 하더라도 힘이 소진되어서 경기를 완주하지 못하면 그것은 그냥 목표물을 명중시키는 연습에 지나지 않는다. 경기를 시작한 모든 사람은 완주하지 못할 수도 있다는 두려움(DNF; Did Not Finish)이 있다. 자격 박탈은 훨씬 악몽일 것이다!

목회자는 장기간 목표물을 겨냥해야 한다.

바울이 디모데에게 훈계한 것을 보면 바이애슬론이 요구하는 균형 감각을 엿볼 수 있다. "네가 네 자신과 가르침을 살펴 이 일을 계속하라 이것을 행함으로 네 자신과 네게 듣는 자를 구원하리라"(딤전 4:16). 목회자는 목표물에 집중하는 동시에 끝까지 포기하지 말아야 한다.

이것은 쉽지 않은 소명이다.

주님이 가이드스톤 파이낸셜 리소스(GuideStone Financial Resources; 미국 남침례회 소속 목회자 복지부)에서 섬기도록 길을 열어주셨을 때 나는 이것이 목회자들과 선교사들과 사역자들이 그들의 삶을 잘 마무리하도록 도울 수 있는 기회라고 이해했다. 우리는 주님을 섬기는 이들의 재정적 안정과 회복 탄력성을 강화함으로 그리스도의 모든 종이 마무리를 잘할 수 있도록 돕고자 노력한다. 재정적 건강(financial wellbeing)은 그중 하나다. 제대로 섬기려면 여러 모로 건강해야 한다. 최상의 건강 상태인 웰니스(wellness)는 영적, 물질적, 정서적 건강과 관계, 재정, 소명 차원에서의 건강을 포함한다. 이 요소들은 직물처럼 모두 하나로 얽혀 있다. 한 부분에 문제가 생기면 전체가 흔들린다.

나는 사역자들이 모든 부분에서 건강하게 사역을 감당하도록 돕고 싶은 저자의 열정을 익히 알고 있었으므로 와서 나를 도와달라고 부탁했다. 그는 목회자들의 건강을 자신의 평생 사역으로 알고 섬긴 사람이다. 이 책을 쓸 준비가 된 적격자가 있다면 바로 마크 댄스다.

'처음도 끝도 좋은 목회자'라는 이 책의 제목은 매우 시의적절하다. 인터넷 시대에 통하는 제목이다. 일을 제대로 마무리하는 것은 거저 얻어지지 않는다. 어부지리로 결승선을 통과할 수는 없다. 하나님나라 사역을 위해서는 경계를 정하고 우선순위를 세우며 원칙을 지키고 '이 일을 계속할 수 있는' 리듬을 만들어야 한다. 제대로 마무리하려면 잘 출발하고 제대로 섬기며 건강해야 한다.

이 책은 의도성과 진정성에 집중한다.

저자는 사역자가 얼마 동안은 그렇지 않은 척 가장할 수 있지만, 결국 그 마음 상태가 드러날 것이라는 정확한 결론에 도달했다. "모든 지킬 만한 것 중에 더욱 네 마음을 지키라 생명의 근원이 이에서 남이니라"(잠 4:23). 대계명은 우리 인생뿐 아니라 우리 사역의 기초다. 대계명을 따라 충실하게 사는 것이 쉬운 일은 아닐지 모르지만, 이 명령은 놀라운 정도로 단순하다. 마음을 다하고 목숨을 다하고 뜻을 다하고 힘을 다해 주님을 사랑하라. 건강한 삶을 살지 못하면서 온전한 사역을 해나갈 것이라고 기대할 수는 없다. 결국 마음에서 드러난다. 나는 이것이 단순한 경고가 아니라 약속이라고 믿는다.

이 책을 선택한 독자라면 자신의 사역을 잘 마무리하고 싶은 마음이 간절해서일 것이다. 그 마음에 꼭 맞는 성경 말씀을 소개하고 싶다.

"양들의 큰 목자이신 우리 주 예수를 영원한 언약의 피로 죽은 자 가운데서 이끌어 내신 평강의 하나님이 모든 선한 일에 너희를 온전하게 하사 자기 뜻을 행하게 하시고 그 앞에 즐거운 것을 예수 그리스도로 말미암아 우리 가운데서 이루시기를 원하노라 영광이 그에게 세세무궁토록 있을지어다 아멘"(히 13:20-21).

한스 딜벡(Hance Dilbeck) 박사
가이드스톤 파이낸셜 리소스 회장이자 CEO

들어가는 글

　　　　　　　　이라크 바그다드에 고립된 SBC 소속 선교사들에게 현금을 전달하고 그들을 격려할 목적으로 친구인 크레이그 밀러와 함께 시속 150킬로미터의 속력으로 뜨거운 요르단 사막을 하루 종일 차로 달렸던 날은 영원히 잊지 못할 것 같다. 이라크 전쟁으로 인한 충격이 지속되는 가운데 SBC 소속의 이 용감무쌍한 선교사들은 그들 못지않게 용감한 미국 군대와 양수기 교체 작업을 하고 있었다.

　그러나 전쟁은 끝난 것이 아니었다. 사실 끝날 기미조차 보이지 않았다.

　크레이그와 나는 2주 전에 듣고 싶었던 조지 W. 부시 대통령의 연설을 다 듣지 못하고 일부만 들은 상태였다. 부시는 항공 모함 USS 에이브러햄 링컨호의 거대한 갑판에 서서 "이라크 전쟁의 주요 전투가 끝났습니다. 미국과 우방이 승리했습니다"라고 말했다. 그는 S-3 바이킹 제트기를 타고 조종사 복장으로 항공 모함 선상에 착륙했다. 그때가 2003년 5월 2일이었다. 미국 역사에서 그 시기에는 부시 대통령의 텍사스식 호언장담이 필요했다는 생각이 든다.

부시 대통령의 연설을 마저 다 들었더라면 나와 크레이그는 그의 다음 말을 들었을 것이다. "그러나 여전히 어려운 일이 남아 있습니다. 이라크의 여러 지역은 여전히 위험합니다…사담 후세인처럼 정의의 심판대에 세워야 할 이라크 지도자들이 있습니다. 테러 조직 알 카에다는 완전히 파괴된 것이 아니라 다만 부상을 입었을 뿐입니다."[1]

우리가 현장에 도착해보니 바그다드는 여전히 전투가 치열하게 진행 중인 곳이라는 사실을 실감할 수 있었다. 크레이그와 나는 거의 매일 총격전을 목격했다. 가장 심각했던 사건은 우리가 유엔 본부 건물에 머물렀던 마지막 날에 일어났다. 이 건물은 자살 폭탄 공격을 받고 삽시간에 무너졌다. 몇 달 뒤에는 차량 폭탄 공격으로 IBM 소속 선교사 중 세 명이 살해되었다.

목회자들과 선교사들과 사역 지도자들은 우리가 바그

다드에서 겪은 것처럼 치열한 전쟁터에서 매일 싸우며 살아간다.

어떤 면에서 사역자들은 대부분 눈에 보이지 않는 싸움을 싸우기 때문에 훨씬 더 은밀한 적과 대치하고 있다. 세상과 사탄과 우리 육신은 매일 우리를 해치려고 음모를 꾸미고 있고, 우리는 승리하기가 점점 더 어려워지고 있다.

예수님이 십자가에서 사역을 완성하심으로 궁극적 승리가 이미 보장되어 있지만, 부상을 입은 우리 적은 교회의 부사관들과 장교들을 교묘하게 조준하고 있다. 예수님은 우리의 적이 꾸미고 있는 간교한 계략에 대해 이렇게 경고하셨다.

> "오늘 밤에 너희가 다 나를 버리리라 기록된 바 내가 목자를 치니 양의 떼가 흩어지리라 하였느니라"(마 26:31).

때로 우리가 만날 최악의 적은 거울 속에 비친 바로 그 사람이다. 정신이 올바른 사역자라면 잠에서 깨어 "오늘 나의 사역을 어떻게 하면 망칠까?"라는 따위의 생각을 하지 않을 것이다. 그러나 최근에 전염병처럼 번지고 있는 사역을 포기하는 황당하기 짝이 없는 소식들은 천천히 지쳐가다가 완전히 탈진하는 경우부터 엄청난 파장을 일으킨 도덕적 실패에 이르기까지 원인도 다양하다.

슬프게도 나는 지난 30년간 목회한 세 교회에서 전임자나 후임자가 잘 마무리하는 것을 목격하지 못했다. 그들은 모두 어쩔 수 없이 사임해야 했고, 대부분은 도덕적 실패가 문제였다. 내가 지도한 두 명의 부교역자도 해임으로 끝이 났다. 이런 사실을 쓸 수밖에 없는 나는 매우 슬프고, 이런 글을 읽는 당신도 마음이 무거울 것이라고 생각한다.

하나님은 우리 인생과 사역에 대해 훨씬 더 좋은 계획을 갖고 계신다! 그분은 우리가 잘 시작하고 잘 마무리하도록 우리를 부르셨다. "너희 안에서 착한 일을 시작하신 이가 그리스도 예수의 날까지 이루실 줄을 우리는 확신하노라"(빌 1:6).

사도 바울은 멋지게 마무리한 사람이었다. 사역을 마무리하며 그는 에베소의 사역 팀에게 자신의 결의를 이렇게 전했다. "내가 달려갈 길과 주 예수께 받은 사명 곧 하나님의 은혜의 복음을 증언하는 일을 마치려 함에는 나의 생명조차 조금도 귀한 것으로 여기지 아니하노라"(행 20:24). 죽음을 앞두고 디모데에게 보낸 편지는 일종의 유언장이었다. "나는 선한 싸움을 싸우고 나의 달려갈 길을 마치고 믿음을 지켰으니"(딤후 4:7).

우리가 남길 유산은 우리의 경주를 어떻게 시작했느냐보다 어떻게 마무리하느냐로 결정될 것이다. 물론 출발과 마무리는 둘 다 중요하고 서로 밀접하게 연결되어 있다. 목회자들과 사역 리더들이 잘 출발하고 잘 마무리할 수 있도록 도우려는 것이 이 책의 목적이다. 우리의 전쟁은 아직 끝나지 않았고, 경주는 아직 마무리되지 않았다. 그러므로 결승선까지 포기하지 않고 달려갈 수 있도록 도울 기회를 가지게 되어 감사드린다. 당신이 이 책을 읽고 있다는 사실 자체가 건성으로 편하게 경주하지 않겠다는 확고한 의사 표현일 것이다.

그렇다고 오해하지는 말라. 대부분 사역자는 중도에 포기하지 않는다. 우리 종족은 강하고 끈질기다! 미국에서 매년 1,700명의 사역자가 사역을 포기한다는 오랫동안 들어온 무서운 통계는 무시해도 된다.[2] 이 얼토당토않은 속설은 1970년대에 로저 스토백(Roger Staubach)이 댈러스 카우보이스에서 맹활약하던 시절 신학교에서 실시한 비공식 여론 조사에서 시작된 것이다.

2015년 9월 복음주의 목회자를 대상으로 라이프웨이 리서치(Lifeway Research)가 실시한 놀라운 조사에서 매년 강단을 포기하는 사역자는 불과 1.3퍼센트에 지나지 않음이 확인되었다(1,700명이 아니라 250명이다). 사역을 포기한 사역자 중 많은 사람은 다른 사역이나 다른 직종으로 전환하는 건강한 변화에 해당했다.[3]

일부 전문가는 2020-2021년의 팬데믹 기간에 사역을 포기하는 사람이 더 많아질 것이라고 예견했다. 하지만 2022년에 실시한 라이프웨이의 후속 조사는 감소율에 거의 변화가 없었다는 결과를 내놓았다(1.5퍼센트). 조사 대상의 63퍼센트가 팬데믹으로 사역이 위축되었다고 말하기는 했지만, 교인들을 포기하고 있다는 어떤 징후도 없었다.[4]

사역을 시작한 목회자 중 대다수가 사역으로 마무리할 것이다. 하지만 이 정도로 만족할 수 있는가? 우리 인생과 가정과 사역의 궤적을 단순히 결승선을 겨우 통과하는 수준이 아니라 끝까지 전력질주하는 것으로 수준을 높이면 어떻게 되겠는가? 우리가 승리하면 우리 가정과 사역에 함께하는 다른 이들도 승리한다. 우리가 실패하면 우리가 일생 입게 될 손해보다 더 심각한 부수적 피해를 입을 수 있다.

"네가 네 자신과 가르침을 살펴 이 일을 계속하라 이것을 행함으로 네 자신과 네게 듣는 자를 구원하리라"(딤전 4:16).

나는 다른 목회자를 대상으로 사역하는 목회자의 시각에서 이 책을 집필했다. 물론 이 책을 읽는 많은 사람이 이 호칭과 무관하다는 것을 알고 있다. 이 책의 독자 중 일부는 선교사나 집사, 교사나 목회자의 배우자로서 고귀한 소명을 감당하고 있을 것이며, 이런 직책은 목회자 못지않게 고결하고 중요하다. 물론 이 책은 목회자를 위한 것이기도 하다. 시작할 때보다 더 멋지게 사역을 마무리하고 싶을 것이고, 그 소망을 이루기 위해서는 회복탄력성이 뛰어나며, 대계명을 감당하는 지도자가 되어야 한다.

독자 중에는 이 책을 제자도의 도구로 사용할 미래의 사역 리더도 있을 것이다. 이 책과 관련해 한 가지 이야기하자면, 오클라호마주 전역의 100곳이 넘는 '파이프라인 사역'(Ministry Pipeline)○ 모임에서 사역으로 인도하시는 하

○ 미국 전역에는 가스와 석유를 나르는 수많은 파이프라인이 건설되어 있는데, 특별히 동과 서, 남과 북을 연결하는 파이프라인들이 미국 한중간에 있는 오클라호마에서 연결된다. 이 파이프들을 통해 생활에 꼭 필요한 기름과 가스가 공급되고 소통되는 것처럼 이 기관은 오클라호마에 있는 교회들을 서로 연결하고 멘토링하면서 교회와 성도를 세우는 사역을 한다.—편집자 주

나님의 부르심에 응답한 청년들의 멘토링 매뉴얼로 이 책의 초안이 사용되고 있다고 한다. 제자 삼는 사역으로 섬기는 모든 사람이 훈련을 받아야 하지만, 이런 훈련은 단독으로 할 수 없다. 그러므로 사역 지도자로 역할을 하고 있거나 하게 될 최소한 다른 한 명과 함께 이 책을 읽어보라.

이 여정에 나와 함께해줄 당신에게 감사드린다.

리더십을 발휘하라!

텍사스 댈러스
마크 댄스(목회학 박사)

1장
가장 중요한 일

1980년대 가장 흔한 교회 표어는 '가치 있는 것을 가치 있게 지켜야 한다'는 것이었다. 나는 원래 이 표어가 주는 느낌을 좋아했지만, 다른 사람들 역시 그랬음이 분명하다. 그래서 이 표현은 과도하게 사용되었고, 이제 식상한 표현으로 사람들에게 받아들여지고 있다. 4일 전 강사로 참석한 행사에서 다시 이 표현을 들었다. 이제 그만하면 충분한 것 같다![1]

지금까지 살아오면서 나는 '가치 있는 것'이라는 말을 쓰는 사람들이 모두 같은 의미로 말하는 것이 아님을 알게 되었다. 이 때문에 청년 시절 목회 생활을 하던 나는 딜레마에 봉착했다. 어떤 사람들은 복음 전도가 중요한 것이라고 담대하게 선언하는 반면, 어떤 이들은 설교, 제자도, 교제, 예배, 혹은 다른 사역 프로젝트를 중요하다고 주장했기 때문이다.

 이 딜레마를 해결한 것은 10년 전 우연히 매우 익숙한 성경 구절을 읽으면서였다. 한 서기관이 순수한 의도에서 무엇이 중요하냐고 예수님께 단도직입적으로 물었다. 예수님의 대답은 신선할 정도로 단순하고 놀라울 정도로 심오했다.

> "서기관 중 한 사람이 그들이 변론하는 것을 듣고 예수께서 잘 대답하신 줄을 알고 나아와 묻되 모든 계명 중에 첫째가 무엇이니이까 예수께서 대답하시되 첫째는 이것이니 이스라엘아 들으라 주 곧 우리 하나님은 유일한 주시라 네 마음을 다하고 목숨을 다하고 뜻을 다하고 힘을 다하여 주 너의 하나님을 사랑하라 하신 것이요 둘째는 이것이니 네 이웃을 네 자신과 같이 사랑하라 하신 것이라 이보다 더 큰 계명이 없느니라"(막 12:28-31).

 이 서기관은 자기가 던진 질문의 답을 이미 알고 있었다. 이 책의 독자 대부분도 쉐마의 의미를 알고 있으리라 생각한다(신 6:4-9). 모세는 3,500년 전 신실한 유대인들에게 문과 문설주에 이 구절을 쓰고 하루를 시작하고 마감할 때 암송하도록 가르쳤다. 오늘날에도 일부 정통 유대인은 이마에 쉐마(대계명)가 적힌 글귀가 담긴 작은 나무 상자를 매고 그 의미를 되새기고자 노력한다.

예수님은 성경에서 쉐마가 가장 중요한 본문이라고 말씀하셨다(막 12:29). 다시 말해서 목회자나 선교사나 교회 지도자는 물론이고 일반 성도에게 정말 '중요한 것'이 무엇인지 논쟁의 여지도 없고 혼동할 이유도 없다는 뜻이다.

전체 성경이 중요한 이 두 명령으로 압축된다고 예수님이 가르치셨으므로(마 22:40) 이 책은 성경의 '제일 중요한' 이 두 명령을 집중해서 살펴볼 것이다. 우리의 삶과 사역에도 이 두 명령은 중요하다.

이 책은 대계명대로 순종하는 삶의 함의가 무엇인지 살펴볼 것이다. 이런 삶은 본질적으로 대사명에 순종하는 사역과 연관이 있다.

목회자와 사역 지도자에게 이것은 전혀 비밀이 아니다. 목회자에게 필요한 건강의 비결이나 회복 탄력성을 위한 지름길은 없다. 우리는 시작과 끝이 모두 좋았던 사람들의 훌륭한 사례들을 목격했고, 목회자의 자격을 박탈당한 친구들도 본 적이 있다.

이 책은 잘 시작하고 잘 섬기며 잘 마무리하도록 돕

는다는 나의 사역 목표를 요약한 것이다. 오늘 내린 결정에 대해 책임감을 갖지 않으면 내일 좋은 마무리를 할 수 없다. 이 책에서 나는 내가 내렸던 그릇된 결정의 일부를 공개할 것이다. 나의 잘못을 인정한 뒤에야 고칠 수 있었던 결정들이었다.

대계명대로 순종하는 지도자는 먼저 자신을 돌아보는 법을 배웠고(딤전 4:16), 그렇게 한 다음에야 가족과 사역을 제대로 인도할(관리할) 수 있다.

익숙하다는 이유로 대계명을 무시하고 소홀히 하는 일이 없도록 해야 한다. 이제 이 두 가지 단순하면서 근본적인 교훈으로 우리 삶과 사역이 어떻게 건강해질 수 있는지 심지어 구원받을 수 있는지 살펴보기로 하자. 이 책은 대계명에 따라 크게 두 단원으로 나뉜다.

하나님을 사랑하라

먼저 하나님을 사랑하라는 예수님의 첫 명령을 집중적으로 살펴보고자 한다. 그분은 우리의 '처음' 사랑이시다. 다른 말로 우리의 '중요한 것'(main thing)이시다. 우리 주님은 온 마음과 뜻과 정성과 힘을 다해 하나님을 사랑하는 것보다 우리가 하루나 평생 동안 할 수 있는 더 중요한 일이 없다고 분명히 말씀하셨다. 우리 인생과 사역에서 그분이 가장 중요하시다는 것은 성경 전반에서 일관되게 강조하는 주제다. 이와 관련해 21세기형 사역자는 어떤 사역자인지 살펴볼 것이다. 그분이 아니면 우리는 아무것도 할 수 없고, 오직 그분을 통해서만 사역의 궁극적인 만족을 얻을 수 있다(요 15:5, 빌 4:13).

이웃을 사랑하라

이 책의 후반부는 이웃, 즉 하나님이 우리 인생에 두신 사람들을 사랑하라는 명령을 집중적으로 살펴볼 것이다. '이웃'이라는 단어는 '가장 가까운 사람'을 의미하기 때문에 우리가 어디서 시작해야 할지 힌트를 제공한다. 내게 가장 가까운 사람은 아내 재닛이다.

대계명은 어떻게 해야 가장 잘 사랑할 수 있는지를 보여줄 뿐 아니라 누구를 가장 사랑해야 하는지 알려준다.

모든 사람은 하나님이 보시기에 동등하다. 하지만 알다시피 우리는 하나님이 아니다. 이 부분과 관련해 내가 드리고 싶은 기도는 이러하다. 우리 인생을 향한 하나님의 거룩한 명령을 알고 담대하게 잘 지켜나갈 수 있도록 도와달라는 것이다.

자세히 살펴보기

앞에서 언급한 이 이름 없는 서기관은 바리새인이자 산헤드린 회원이었다. 그는 나중에 예수님의 재판에서 이단의 증거를 찾으라는 특명을 받고 예수님을 찾아갔다(마 22:35). 그러나 마가복음은 동일한 기사에서 성경에서 제일 중요한 것이 무엇이냐고 예수님께 질문한 그의 개인적 동기가 순수했다고 밝힌다.

예루살렘의 이 종교 엘리트 집단은 성경 원전대로 따르지 않고 각종 추가적인 법을 만들고 긍정적인 명령과 부정적인 명령으로 분류했다(긍정 율법 248개, 부정 율법 365개). 이 율법들은 다시 무거운 명령과 가벼운 명령으로 세분화했다. 무거운 명령은 절대적인 구속력이 있었고, 가벼운 명령은 구속력이 약했다.

첫째 되는 가장 중요한 명령을 제대로 이해하려면 이 명령에 담긴 다섯 가지 핵심 용어를 살펴보고 확인할 필요가 있다. '주', '첫째', '제일 큰', '사랑하라', '온'. 각 단어는 우리가 맺고 있는 관계의 우선순위를 나타낸다.

"주"(야훼, *Yahweh*)

성경에는 하나님을 가리키는 이름이 수없이 많다. 하지만 언약적 이름은 유일하게 하나밖에 없다. 바로 야훼/여호와다. 고대 히브리어에는 모음이 없었으므로 더 정확하게 영어로 번역한다면 *YHWH*일 것이다. 유대인은 하나님의 이름을 높인다는 차원에서 이 이름을 수세기 동안 입으로 발설하지 않았기 때문에 천국의 이 편인 이 땅에서는 정확하게 발음하는 법을 알기 어려울 것이다.

유일하게 참되신 하나님의 이름은 '스스로 계시며 영원하신 분, 자존자'다. 히브리어로 예수님의 이름은 여호수아(*y'shua*)이며 '야훼는 구원이시다'는 뜻이다.

예수님의 이름을 발음할 때마다 또한 야훼를 말해야 한다니 너무나 좋지 않은가!

그분의 이름을 망령되이 사용해서는 안 된다는 것은 하나님께 매우 중요하고 우리도 그래야 한다. 이 계명은 십계명 중 세 번째 계명으로, 다른 신이나 새긴 우상을 금하는 명령에 이어서 나온다. 이 첫 세 계명은 현대의 계약법에서 경쟁 금지 조항과 비슷하다. 하나님은 자신이 우리의 '중요한 것'이 되어야 한다고 주장하신다. 우리가 그분의 이름을 올바로 사용하는 것이 그토록 중요한 이유가 여기에 있다.

"가장 중요한" 혹은 "첫째"(프로토스, *protos*)

서기관은 "모든 계명 중에 첫째가 무엇이니이까?"(막 12:28)라고 물었다. 헬라어 프로토스(*protos*)는 보통 '가장 중요한'으로 번역된다. 하지만 영어 성경 흠정역(KJV)은 이 단어를 "첫째"로 번역한다. '첫째'에 대한 용례 중에서 나는 하나님 사랑의 우선순위를 강조할 때의 용례를 가장 즐겨 인용한다. 또한 예수님은 이웃을 네 몸과 같이 사랑하라는 다른 중요한 계명을 언급하실 때 "둘째"라는 표현을 사용하셨다. 성경을 더 면밀히 살필수록 우리의 삶과 사역에 한 가지 새로운 위계를 보게 된다.

하나님이 나의 마음에 예수님을 나의 첫사랑으로 삼는다는 아주 강력하고 단순한 가치를 새겨주신 이후로 내 삶과 사역은 완전히 달라졌다. 나의 첫사랑이 더는 나의 가장 중요한 우선순위가 아님을 마지못해 인정한 후 이 진리는 목회자인 내게 큰 영향을 미쳤다.

많은 성경 번역은 그 서기관이 던진 질문의 무게를 더 정확하게 전달하려고 "가장 중요한"이라는 표현을 사용한다. 그 율법 전문가는 단순히 계명의 순서가 아니라 계명의 우선순위를 알고 싶었다. 첫 계명(온전히 하나님을 사랑하기)을 간과하고, 두 번째 계명(이웃을 사랑하기)에 집중한다면 단순한 인본주의만 남게 된다. 우리의 이웃은 정말 중요하다. 하지만 예수님만큼 중요하지는 않다.

그리스도는 오늘 혹은 우리 인생의 어느 때나 우리가 해야 할 가장 중요한 일은 그분을 사랑하는 것이라고 가르쳐주신다.

우리는 하나님이 피조 세계의 그 어떤 것보다 더 중요한 분임을 본능적으로 안다. 쉐마(Shema)는 '들으라'는 의미의 히브리어다. 쉐마는 "이스라엘아 들으라"(신 6:4)로 시작한다.

하나님에 대한 이런 분명한 언약적 결단은 십계명 중 다른 신들과 우상을 금하는 첫 두 계명을 강조한다. 성경이 오직 한 하나님만 계심을 얼마나 반복해서 강조하는지 확인하고자 굳이 수비학자°를 동원할 필요는 없다. 그분은 우리 삶에서 제일 중요한 첫째가 되기를 요구하신다.

하나님은 그분의 보좌에 그분이 아닌 다른 사람이나 다른 것이 앉을 여지를 절대 허락하지 않으신다. 하나님

○ 수의 비밀을 연구하는 학자―편집자 주

의 언약적 조건은 예수님이 우리의 유일한 주가 되시는 것이다. 그분은 구원자시며 인류 역사와 교회의 주인공이시다. 목회자여, 당신이 영웅이 되려고 애쓸 필요가 없다. 영웅은 오직 그리스도이시기 때문이다.

"제일 큰(이보다 더 큰 계명은 없느니라)"(메가스, *megas*)

예수님은 서기관의 첫 번째 질문에 대답하신 후 훨씬 더 강력한 의미의 단어인 "제일 큰"이라는 말씀으로 그 대답을 보강해주신다. 예수님은 "이보다 더 큰 계명이 없느니라"(막 12:31)라고 말씀하셨다. 이 대화를 기록한 마태복음에도 두 단어가 모두 사용되었다. 마태복음은 "주 너의 하나님을 사랑하라…이것이 크고[*megas*] 첫째 되는 [*protos*] 계명이요"(마 22:37-38, 강조체 저자)라고 기록한다.

2006년 하나님은 이 두 단어(프로토스와 메가스)를 함께 사용함으로 생기는 강조의 효과를 통해 매우 강렬하게 나의 관심을 사로잡으셨다. 당시 나는 아칸소주 재스퍼의 고요한 산속 오두막집에서 며칠 동안 금식하며 기도하고 있었다. 금식은 자주 하지는 않지만, 나의 영적 주의력 결핍 장애를 고칠 수 있는 최고의 방법 중 하나다. 약 20년간의 목회 생활 끝에 주님을 새롭게 만날 시간이 무르익고 있었다.

나는 이 경험을 하나님과 나의 '헬멧 페이스 마스크 순간'(helmet face mask moment)이라고 생각한다. 십대 시절 나를 가르쳤던 풋볼 코치들은 때로 경기에 집중하지 못하는 나의 마음을 집중시키려고 나의 헬멧 페이스 마스크를 잡고 자신을 보게 했다. 그것은 항상 효과가 있었다! 하나님은 그 코치들보다 부드럽게 나를 대하시기는 했지만, 나는 내 남은 인생과 사역에 어떤 계획을 가지고 살아야 할지 알고 그 오두막을 떠났다. 대계명이 내 의식에 새롭게 각인된 것은 바로 그 오자크산의 오두막에서였다. 이 책을 읽는 당신도 나와 같은 경험을 할 수 있기를 기도한다. 사역을 잘 마무리하고자 노력하는 목회자뿐 아니라 평생을 다해 사역에 헌신할 준비를 하고 있는 이들이 하나님께 온전히 집중하는 데 도움이 되기를 바란다.

제대로 출발하고 잘 마무리하고자 하는 사역 리더라면 하나님이 명령하시고 모세가 기록하고 예수님이 다시 강조하신 가장 중요한 이 두 우선순위를 무시하거나 소홀히 하지 않을 것이다.

"사랑하라"(아가파오, *agapaō*)

2003년 대학생 선교회(Campus Crusade for Christ)의 설

립자 빌 브라이트(Bill Bright)는 올랜도 자택에서 릭 베제르와 빌 일리프도를 비롯해 나의 아칸소 목회자 친구들에게 아침 식사를 대접해주었다. 그의 자택에서 이 사역계의 거인을 만날 수 있는 기회가 내게 오다니 얼마나 설레고 흥분되었는지 상상하기 어려울 것이다.

브라이트 박사가 주 안에서 우리를 권면하는 동안 그의 사랑스러운 아내 보넷은 우리를 위해 아침 식사를 준비해주었다. 휠체어 뒤에 산소 탱크를 두고 산소 호흡기를 끼고 있었기 때문에 가쁘게 몰아쉬는 브라이트 박사의 숨소리가 생생하게 전달되었다. 우리가 떠나기 전에 그는 자신의 저서인 『처음 사랑: 하나님을 향한 열정을 회복하라』(First Love: Renewing Your Passion for God)에 자필로 서명하여 선물로 주었다. 그 책에서 그는 대계명에 대해 이렇게 말했다. "이 세상에서 우리가 이보다 더 중요하게 고려해야 할 문제는 없다고 생각한다."[2] 이 책은 그의 마지막 책이었다. 브라이트 박사는 몇 개월 뒤 이 세상의 경주를 마무리했다. 대사명과 대계명을 향한 그의 열정은 우리와 같은 사역자들과 리더들을 통해 여전히 살아서 숨쉬고 있다.

브라이트 박사의 책 제목인 『처음 사랑: 하나님을 향한 열정을 회복하라』는 예수님이 에베소의 어린 교회에 주신 성경 구절에서 인용한 것이다. 이 교회는 굳건한 교리, 훈련과 인내처럼 칭찬할 만한 일이 많았다. 그러나 결과적으로 예수님은 그들이 처음 사랑을 무시하고 버렸다고 지적하셨다. 예수님은 그들에게 이렇게 지적하는 편지를 보내셨다.

"너의 처음 사랑을 버렸느니라 그러므로 어디서 떨어졌는지를 생각하고 회개하여 처음 행위를 가지라"(계 2:4-5상).

사역 지도자라면 여기서 사용된 "사랑"에 해당하는 헬라어인 아가파오(*agapaō*)를 이미 잘 알고 있을 것이다. 예수님은 대계명에서도 같은 단어를 사용하셨다. 아가파오는 행위가 아닌 은혜에 기초한 언약적 사랑을 가리킨다. 이 사랑에 내포된 일방성이라는 특징 때문에 기독교는 모든 다른 세속 종교와 구분된다. 예수님은 우리 힘으로 얻을 수 없고 받을 자격도 없는 자유를 위해 대가를 치르셨다. 우리는 죄를 지었고 그분은 그 죗값을 지불하셨다. 그분이 베푸신 아가파오 사랑은 그분의 구속 사역을 통해 하나님의 자비와 은혜를 확장하신 것이다.

이런 조건을 가진 종교는 기독교 외에 존재하지 않는

다. 이런 신적 사랑을 경험한다는 것은 모든 관계의 정점을 경험한다는 것이다. 대계명이 위대한 이유는 이 아가파오 사랑 때문이다. 이 사랑은 우리가 지켜야 할 가장 중요한 계명의 핵심이다. 예수님의 사랑은 값없이 주는 무조건적인 사랑이지만, 값을 매길 수 없을 정도로 비싸며 우리 삶의 근간을 뒤흔드는 반응을 불러일으킨다. 그것은 개인적인 동시에 보편적이다.

하나님의 사랑을 설명하려고 시도하다 보면 나의 언어 사용은 한계가 있고 그 깊이가 너무나 얕은 것 같다. 그러나 우리가 사역을 갈망하도록 하는 것은 그리스도의 사랑임을 나는 안다(고후 5:14). 우리의 새로운 생명과 소명의 원천이 바로 그 사랑이다. 하나님의 사랑을 아는 것보다 더 큰 원동력은 없다. 하나님의 사랑이 아닌 다른 것으로 동기를 부여받으면 금방 열정이 사라지고 상대적 공허감도 심하다.

이 책을 읽는 경험이 단순한 지적 만족에서 끝나지 않기를 기도한다. 이 놀라운 사랑을 아는 데서 더 나아가기를 바란다. "지식에 넘치는 그리스도의 사랑을 알고 …하나님의 모든 충만하신 것으로 너희에게 충만하게" 되기를 기도한다(엡 3:18-19).

목회자여, 이 믿음의 대양의 가장 깊은 심연으로 당

신을 초대하고 싶다. 바라건대 예수님을 향한 사랑이 자라고 넘쳐흘러서 이 책 후반부에서 살펴볼 나머지 중요한 관계들에도 영향을 미치기를 간절히 바란다.

"모든"(홀로스, *holos*)

내가 처음 아이스하키 경기를 관람한 때는 2016년이었다. 경기는 당시 내슈빌 시내에 있던 라이프웨이 사무실에서 불과 몇 블록 떨어진 곳에서 열렸다. 나는 반값으로 티켓을 구할 기회가 생겼고, 솔직히 말해 아이스하키 경기가 어떻게 진행되는지 전혀 모른 채 경기장으로 갔다.

처음 관람하게 된 아이스하키 경기가 프로 선수들이 뛰는 NHL 경기였을 뿐 아니라 플레이오프 1차전이었다! 내슈빌 프레데터스는 애너하임 덕스와 겨루고 있었고, 나는 그 경기를 보고 아이스하키에 매료되었다. 프레데터스는 그날 경기는 패했지만, 시리즈에서 승리하여 디비전 2라운드 플레이오프 7차전까지 진출했다. 그러나 산호세 샤크스팀에게 대패했다. 결국 샤크스가 그해 스탠리컵을 거머쥐었다. 그다음 해 프레데터스는 스탠리컵 결승에 처음으로 올랐고, 나는 아들과 사위를 데리고 플레이오프를 관람했다. 이제 나는 명실상부한 아이스하키

팬이다!

'팬'(Fan)은 'fanatic'의 줄임말로 좋아하는 팀을 100퍼센트 지지하고 맹목적으로 쫓아다니는 것을 의미한다. 쉐마는 기본적으로 우리가 하나님을 절대적으로 구하는지 묻고 있는 것이다.

> "네 마음을 **다하고** 목숨을 **다하고** 뜻을 **다하고** 힘을 **다하여** 주 너의 하나님을 사랑하라 하신 것이요"(막 12:30, 강조체 저자).

운동선수들과 팬들은 모든 것을 다 걸기를 조금도 주저하지 않는다. 취미나 정치나 경력을 쌓는 데 집중적인 관심을 기울이는 사람도 마찬가지다. 그렇다면 예수님이 그분의 교회 지도자들에게 이 이상의 열심을 기대하시는 것이 당연하지 않겠는가?

우리의 처음 사랑인 예수님은 우리의 전부를 원하시며 심지어 요구하신다. 그분은 아낌없이 갚아주시는 분이므로 그분이 베푸시는 무조건적 사랑의 끝없는 바다에 뛰어들기를 주저하지 말라. 예수님은 우리의 인생 전체와 사랑과 우리의 모든 우선순위를 자신에게 두라고 요구하신다.

데이비드 퍼거슨(David Ferguson) 박사는 그의 대표작인 『대계명의 원리』(The Great Commandment Principle)에서 이 점을 잘 지적한다. "대사명이 우리가 해야 할 일에 대해 말한다면, 대계명은 우리의 신분을 구체화한다. 우리가 어떤 존재로 부르심을 받았는지 받아들이지 못한다면 우리가 부름받은 일을 효과적으로 감당할 수 없다."[3]

예수님의 대계명을 인용하는 답변을 받아낸 질문의 당사자인 한 서기관은 구약 성경의 전문가였다. 권력층의 학문적 조력자였던 그는 변호사이자 교수이고 의회 의원이기도 했다. 이 질문을 한 때는 예수님의 허점을 노리는 바리새인들과 사두개인들과 헤롯당 사람들의 여러 비열한 시도를 본 이후였다. 하지만 이 서기관은 진지하게 진리를 탐구하고 있었다.

"서기관이 이르되 선생님이여 옳소이다 하나님은 한 분이시요 그 외에 다른 이가 없다 하신 말씀이 참이니이다 또 마음을 다하고 지혜를 다하고 힘을 다하여 하나님을 사랑하는 것과 또 이웃을 자기 자신과 같이 사랑하는 것이 전체로 드리는 모든 번제물과 기타 제물보다 나으니이다 예수께서 그가 지혜 있게 대답함을 보시고 이르시되 네가 하나님의 나라에서 멀지 않도다 하시니 그 후에 감히 묻는 자가 없더라"(막 12:32-34).

예수님을 의심하던 무리는 예수님이 천명하신 진리와 이 서기관의 반응에 입을 닫을 수밖에 없었다. 우리 역시 이런 상호 교감을 계속해서 반복할 필요가 있다. 목회자여, 당신에게는 이런 대답을 들으려고 기다리는 무리는 없을 것이다. 하지만 하늘의 하나님은 당신이 누구에게 충성을 다하는지 보려고 기다리고 계신다. 우리가 우리 인생과 사역의 우선순위를 어디에 두는지 주시하는 사람들도 있다.

말하고자 하는 핵심은 이것이다. 건강한 교회는 온 마음을 다하고 목숨을 다하고 뜻을 다하고 힘을 다해 하나님을 사랑하는 건강한 목회자가 있다는 것이다. 이제 하나님을 먼저 사랑하도록 도와달라고 잠시 기도하는 시간을 갖기로 하자. 그런 다음 온 마음과 목숨과 뜻과 힘을 다해 그분을 사랑하고 그분을 예배하는 시간을 갖기로 하자. 오늘 이것보다 더 중요한 일은 없다.

"누가 경기를 시작했는지는 중요하지 않다. 누가 경기를 제대로 끝내느냐가 중요하다."[4]

2장
4차원적 사랑

최근에 난생처음으로 4K 텔레비전을 샀다. 소감인즉슨 이렇다. 정말 대단하고 놀라운 신기술이다! 4K는 텔레비전 중 해상도가 최고로 높으며 출시된 지 상당히 오래되어 가격도 적정할 뿐 아니라 대부분의 신형 텔레비전의 표준으로 이미 자리를 잡았다. 4K라는 용어는 이미지를 만드는 데 사용되는 픽셀 수로 결정되는 텔레비전 해상도를 가리킨다.

어떤 이들은 "드디어 그분이 오셨군…"이라고 생각할지 모른다. 만약 아직 내가 내 홀(리모콘)을 열광적으로 영접하지 않았더라면 4K 텔레비전 구입을 반대할 것이다. 일부 구식 3K를 쓰는 마니아들은 결국 내가 새롭게 숭배하는 신상을 넘어 5K 텔레비전으로 기술이 진화해 가리라는 점을 지적하겠지만, 과학 기술에 대한 나의 이 일시적인 황홀한 짜릿함을 빼앗아갈 사람은 아무도 없을 것이다.

4K 텔레비전 화면은 해상도가 추가되어 더 생생하고 깊이감과 색채의 정밀도가 높아져 텔레비전이 마치 살아 있어 진동하는 느낌이 든다. 이미지는 실사에 더 가깝다. 놀라울 따름이다. 4K 화면의 픽셀 수는 대략 800만 개로, 1080p 화질로 볼 수 있는 모니터의 약 네 배에 이르는 선명도를 자랑한다. 과학 기술에 문외한이지만, 새 장난감을 받은 소년처럼 행복하기 때문에 나의 무지는 이 시점에서 오히려 축복이다.

이 장에서는 4K 텔레비전보다 훨씬 더 황홀한 행복감으로 하나님을 사랑하라는 대계명을 살펴보고자 한다. 우리 이해를 능가하는 수준으로 하나님과의 관계를 누리는 데 도움이 되기를 기도한다. 하나님과 우리 관계의 신비는 그 어느 때보다 더 선명하게 밝혀질 수 있다. 우리의 충성을 드러내고자 하는 모호한 시도에서 벗어나 오직 하나님을 향한 마음을 온전히 드러내는 명확한 행동으로 나아갈 수 있다.

예수님은 우리에게 하나님을 사랑하라는 명령을 주시며 우리 삶의 네 가지 차원에 대해 말씀하셨다. 이 차원들은 각기 우리 존재됨의 특정한 한 부분을 가리킨다.

예수님의 대계명이라는 문맥에서 이 차원들을 종합적으로 읽어보면 우리 삶을 다 바쳐 하나님을 사랑하라고 말씀하고 있음을 알게 될 것이다. 예수님은 우리 존재의 전부를 원하신다.

나는 이렇게 하나님을 사랑하는 네 가지 차원에 대해 이해하고 글을 쓰는 데 셀 수 없을 만큼 많은 시간을 보냈다. 그 네 가지 차원은 마음과 목숨과 뜻과 힘이다. 어느 구절이든 성경 구절은 내 임의로 해석해서는 안 된다. 특별히 가장 중요한 말씀은 더욱 그렇다. 결국 우리는 모두 하나님의 사랑이 목회자로서뿐 아니라 한 인간으로서 우리의 존재를 규정하게 되기를 원한다.

이제 하나님을 4차원적으로 사랑한다는 것이 무엇인지 더 자세히 알아보도록 하자.

통합적 사랑

하나님의 말씀을 배우는 동시에 가르치는 사람으로서 성경에서 제일 큰 계명의 신학적 근거를 확고히 수립하면 도움이 될 것이다. 먼저 '마음과 목숨과 뜻과 힘'이라는 우리 인격의 네 가지 차원을 이해하는 시간을 갖기로 하자. 각 차원은 성경의 나머지 차원과 상당히 중첩되기 때문에 세세한 분석에 매달릴 필요가 없다. 그럴 경우 이 모든 시도는 또 다른 지적 유희에 불과할 것이며 엄청난 시간 낭비가 될지 모른다. 쉐마는 독립적인 개별 언약이 아니라 포괄적인 언약이다.

하나님께 온전히 마음을 드리지 않고 하나님의 사랑에 대해 단순히 해석하고 설교하는 데서 그치지 않도록 주의해야 한다. 하나님을 사랑하라는 대계명은 절대 노래나 설교나 수업 중에 사용할 정보로만 분석하는 대상이 되어서는 안 된다. 이것은 예수님이 그분 자신에게 요구하신 사항이기도 하다.

사역한 지 20여 년이 흐르고 어느 덧 나는 이런 태도를 잃어버리고 있었다. 사람들이 성공적이라고 인정하는 효과적인 사역을 수행한 나는 성과에 연연하여 나의 처음 사랑이라는 우선순위를 망각해버렸다. 결국 나는 고독감에 시달리며 혼란과 만성적 우울감에 빠지게 되었다.

하나님을 사랑하는 이 네 가지 차원을 살펴보며 현재 어려움을 겪는 부분이 어디인지 알 수 있도록 마음의 거울을 준비하고, 하나님께 우리 삶과 사역을 어떻게 바꾸기를 원하시는지 기도하라.

어떤 이들은 인간이 몸과 영과 정신의 세 부분으로

구성되어 있다고 믿는다(삼분법적 관점). 몸과 영혼, 두 부분으로만 구성되어 있다고 믿는 사람들도 있다(이분법적 관점). 이들은 우리 영이 우리의 내면을 형성하고(다시 말해 마음과 영혼), 우리 육신은 우리의 외면을 구성한다고 믿는다.

얼핏 보면 첫 번째 대계명은 인간이 마음과 목숨과 뜻과 힘으로 구성되어 있다는 사분법적 시각을 가르치는 것처럼 보인다. 이 네 가지는 모두 우리 인격의 구성 요소이지 별개의 독립적 요소는 아니다. 마음과 목숨과 뜻과 힘이 독자적으로 기능하는 것은 아니다. 우리는 이 모든 것의 총체다.

이 네 가지 차원은 각 개인의 삶에서 독립적으로 구분되는 것이 아니라 통합되어야 한다. 복음서 저자마다 이 차원들을 조금씩 다르게 표기하는 이유가 이것으로 설명될 것이다.

때로 마음과 영혼과 정신을 명확히 구분해서 이해할 때가 있다. 그러나 성경에서는 대부분 서로 바꾸어 사용한다. 데살로니가전서 5장 23절을 살펴보라. "평강의 하나님이 친히 너희를 온전히 거룩하게 하시고 또 너희의 온 영과 혼과 몸이 우리 주 예수 그리스도께서 강림하실 때에 흠 없게 보전되기를 원하노라." 이 구절에서 바울은 한 개인의 인격이 이 세 차원의 총합인 것처럼 "너희의 온…이"라는 구절을 사용한다.

하나님은 우리의 전부를 원하신다. 모든 부분을 원하신다. 그러므로 대계명이 강조하는 사랑의 네 가지 요소를 각기 자세히 살펴보도록 하자.

우리의 마음(Our Hearts)

하나님은 이 지상의 모든 인간에게 심장(혹은 마음, heart)을 주셨다. 심장은 생명을 유지하게 하는 피가 우리 몸 전체에 흐르도록 쉬지 않고 펌프질을 하는 신체 기관이다. 간단히 말해 심장이 없는 육신은 죽은 것이다. 마찬가지로, 영적인 심장이 없다면 영적으로 우리는 사망한 상태다.

인간에게 심장이 두 가지라는 설명에 일부 사람이 혼란스러워하는 이유를 이해할 수 있다. 무엇보다 성경은 헬라어(카르디아, *kardia*)와 히브리어(레밥, *lebab*) 모두 몸의 심장과 영적 심장을 표현하는 데 동일한 단어를 사용한다. 나처럼 구체적으로 사고하는 경향의 사람에게는 훨씬 더 혼란스럽게 다가온다. 육신의 심장이 우리 몸의 핵심이듯이 영적 심장은 보이지 않는 우리 존재의 핵심이다. 새로운 영적 심장이 없으면 영적으로 죽은 것이다.

하지만 좋은 소식은 그리스도인이 구원받을 때 영적 심장을 이식받는다는 것이다.

우리 인생을 예수님께 온전히 내어드릴 때 우리의 영적 심장은 완전히 구속함을 받는다. 1980년 6월 12일 예수님이 나를 변화시키시기 전 내 심장, 즉 내 마음은 절망적일 정도로 사악했다. 구원의 손길을 베풀어주시도록 그분에게 부르짖었던 순간 나는 새로운 마음(영)을 얻었다. 그리스도인이라면 모두 이런 경험을 한 사람들이다. 내가 구원받은 때는 40년 전이며, 내 마음은 그 이후로 지속적인 성화 과정을 경험하고 있다. 다시 말해서 영적 성숙을 향해 점진적으로 나아가고 있다.

성경은 마음(heart)과 영(spirit)을 번갈아가며 사용한다. 에스겔이 평행법이라고 하는 일반적인 히브리 표현법을 사용한 용례에서 이것을 확인할 수 있다. 이런 문학 기법 혹은 말하기 기법은 다른 단어를 사용하여 같은 생각을 반복함으로 강조하는 데 사용된다.

"너희는 너희가 범한 모든 죄악을 버리고 마음[*leb*]과 영[*ruah*]을 새롭게 할지어다"(겔 18:31).

서구적 개념은 보통 심장, 즉 마음을 감정과 연결하

기 때문에 마음(lebab)의 가장 일반적인 히브리어 용례가 우리의 감정이 아닌 우리의 생각을 가리키고 있음을 알고 놀랄지도 모른다. 예레미야가 "곧 내가 나의 법을 그들의 속에 두며 그들의 마음에 기록하여 나는 그들의 하나님이 되고 그들은 내 백성이 될 것이라 여호와의 말씀이니라"(렘 31:33하)라고 말한 이유가 이 때문이다. 문맥에 따라 차이는 있지만, 헬라어(kardia) 역시 마찬가지다.

우리 마음은 단순히 우리 생각과 감정이 자리하는 장소 이상의 의미가 있다. 나의 마음은 곧 나 자신을 의미하며, 당신의 마음은 곧 당신 자신을 의미한다. 3장에서는 영적 회복 탄력성을 지닌 목회자가 어떻게 온 마음으로 주님을 사랑할 수 있는지 살펴볼 것이다.

우리의 목숨(Our Souls)

목숨(혹은 혼, soul)이라는 용어는 종종 한 개인의 인격과 동의어로 사용되며, 기독교 표준 성경(Christian Standard Translation)에서는 '생명'(life, 104회) 또는 '사람'(person, 38회)으로 번역되고 있다. 하나님이 우리 모두에게 생기를 불어넣으셨기 때문에 구원받은 자든 아니든 모든 인간은 혼이 있다. 창세기 2장 7절은 "여호와 하나님이 땅의 흙으로 사람을 지으시고 생기를 그 코에 불어넣으시니 사람이 생령이 되니라"라고 말한다.

현재 이 지구상에는 75억 명의 목숨이 살고 있으며[1] 모든 목숨, 즉 혼은 저마다 장소는 다르겠지만 영원히 살 것이다. 우리 지구상의 이웃 중 그리스도인이라고 자처하는 사람은 20억 명에 불과하기 때문에 복음을 전하기 위해 우리가 할 일이 아직 너무나 많다!

혼에 해당하는 헬라어는 프쉬케(*psyche*)로 이 단어에서 영어 단어 psychology(심리학)가 파생했다. 마음이 온전히 구속함을 받은 우리 삶의 영원한 일부라면, 혼은 끊임없이 회복되고 새로워지는 우리 내면의 일부다. 혼과 영이라는 용어는 히브리어와 헬라어 모두 숨과 바람을 의미하는 메타포로 사용된다. 혼에 해당하는 히브리어(네페쉬, *nephesh*; 호흡하는 피조물)는 우리 육신의 삶을 가리키며, 이 삶은 하나님이 우리 모두에게 주신 것이다.

> "모든 생물의 생명[혼, soul]과 모든 사람의 육신의 목숨[숨, physical]이 다 그의 손에 있느니라"(욥 12:10).

모든 인간의 목숨(혼)은 소중하며 하나님의 형상으로 지어졌지만, 저마다 독특한 개성을 지니고 있다. 어떤 사람들은 내세에서는 그들의 혼이 두드러지게 기능할 것이라고 주장한다. 그러나 우리 혼은 바로 지금…오늘 우리 생명을 말한다. 아마 이런 주장은 혼에 대해 잘못 번역된 아주 익숙한 이 성경 구절 때문일 것이다. "사람이 만일 온 천하를 얻고도 제 목숨[혼]을 잃으면 무엇이 유익하리요 사람이 무엇을 주고 제 목숨[혼]과 바꾸겠느냐"(마 16:26).

기독교 표준 성경처럼 대부분 번역본은 프쉬케(*psyche*)라는 단어를 '혼'이 아닌 '생명'(life)으로 번역한다. 마태복음 16장의 이 구절은 영원한 생명을 잃는 것이 아니라 이 세속의 삶에서 자신을 잃는 것에 관해 이야기한다. 우리 혼은 우리 목숨을 말하며, 우리는 매일 거룩해지도록 구주께 우리 혼을 의탁해야 한다.

당신의 혼은 형통한가? 당신의 내면 생활은 재정비가 필요하지 않은가? 4장에서는 온 혼, 즉 목숨을 다해 하나님을 사랑하는 정서적으로 건강한 지도자가 된다는 것이 무엇인지 더 살펴보기로 하자.

우리의 뜻(Our Minds)

뜻(혹은 생각, mind)이라는 단어는 모세가 말하고 기록했던 쉐마 원본에는 사용되지 않는다. 아마 히브리인들이 마음과 생각을 사실상 구분하지 않았기 때문일 것이다. 그들은 우리 마음이 실제적인 사고 활동이 이루어지는 곳이라고 믿었다. 예수님과 제자들이 태어난 그리스·로마 문화가 뜻(mind)을 우리 생각이 시작되는 곳이라고 보았기 때문에 예수님이 쉐마를 인용하시며 뜻(mind)이라는 단어를 덧붙이셨을 것이라고 생각한다. 현대 서구 문화 역시 동일하다. 결국 우리는 성경에서 사람의 뜻(mind)과 마음의 차이를 확인할 수 없다.

"아무 것도 염려하지 말고 다만 모든 일에 기도와 간구로, 너희 구할 것을 감사함으로 하나님께 아뢰라 그리하면 모든 지각에 뛰어난 하나님의 평강이 그리스도 예수 안에서 너희 마음(hearts)과 생각(minds)을 지키시리라"(빌 4:6-7, 강조체 저자).

하나님은 그분을 사랑하는 이들의 마음과 생각을 지켜주겠다고 지금도 약속하고 계신다. 정신 건강은 육신적 건강이나 영적 혹은 정서적 건강 못지않게 중요하다. 그러므로 5장에서 온 마음을 다해 예수님을 사랑할 수 있는 실제적인 방법을 살펴보기로 하자.

우리의 힘(Our Strength)

개인적으로 생각하기에 힘은 주로 우리 몸의 체력을 가리키는 것으로 보인다. 힘에 해당하는 이 헬라어(이스키스, *ischys*)는 의지, 힘, 세력, 능력을 의미할 수 있다. 이에 해당하는 히브리어(코아흐, *koah*)는 한 개인의 신체적 에너지를 가리킨다.

우리는 사역하는 데 많은 에너지가 필요하다는 것을 안다. 때로 나는 신체적으로 고갈된 것인지 정신적으로 혹은 정서적으로 고갈된 것인지 정확히 구분이 안 된다. 다만 기진한 상태라는 것만 알 뿐이다. 이 글을 쓰는 지금 내 목소리는 완전히 고장 나버렸다. 주일날 말을 거의 할 수 없어서 다른 사역자에게 나 대신 설교해달라고 부탁할 수밖에 없었다. 주일 아침에도 끝까지 설교를 강행하고 싶은 유혹을 받았지만, 아내는 그런 어리석은 고집을 버리라고 나무랐다.

"요시야와 같이 **마음**을 다하며 **뜻**을 다하며 **힘**을 다하여 모세의 모든 율법을 따라 여호와께로 돌이킨 왕은 요시야 전에도 없었고 후에도 그와 같은 자가 없었더라"(왕하 23:25, 강조체 저자).

사역자들은 육신의 건강을 관리할 시간이 아직 많다고 느끼며 마지막까지 소홀히 할 때가 많다. "서서히 사그라들기보다 한 번에 타 없어지는 것이 낫다"는 선의의 속담까지 있을 정도다. 일부 목회자는 자신의 몸을 방치하는 것을 훈장처럼 여기기도 한다. 6장에서는 건강한 지도자가 건강한 생활을 영위함으로써 하나님과 이웃에 대한 사랑을 온 힘을 다해 키울 수 있는 방법을 알아보기로 하자.

그 사랑으로 무장하라!

어찌된 일인지 나는 하나님에 대한 4차원적 사랑의 신비로움을 이해하는 것보다 4차원 물리학과 4K 과학기술에 대해 더 많은 지식을 가지고 있는 것 같다. 대계명에 담긴 4차원적 사랑에 대한 나의 이해가 제한적이라는 사실은 내게 책 한 권을 쓰는 것보다 더 엄중한 과제가 되었다. 말 그대로 이것은 사랑의 수고였다!

"믿음으로 말미암아 그리스도께서 너희 마음에 계시게 하시옵고 너희가 사랑 가운데서 뿌리가 박히고 터가 굳어져서 능히 모든 성도와 함께 지식에 넘치는 그리스도의 사랑을 알고 그 너비와 길이와 높이와 깊이가 어떠함을 깨달아 하나님의 모든 충만하신 것으로 너희에게 충만하게 하시기를 구하노라"(엡 3:17-19).

3장
마음을 다하여

어제 1년에 한 번씩 진행하는 정기 건강 검진을 받았다. 먼저 심장부터 검사했다. 간호사는 청진기로 심박수를 검사했고, 또 다른 간호사는 혈압을 쟀다. 혈압이 '정상'이라는 말을 들은 후에는 내 심장이 제대로 작동하고 있는지 확인하는 심전도 검사(EKG)를 받았다. 양가 가족 모두 심장병에 관한 상당한 가족력이 있었기 때문에 이것은 매우 중요한 검사였다.

정기 건강 검진은 종합적이기 때문에 의사는 나의 몸 상태를 전반적으로 다 검사했다. 심장은 다른 모든 장기 건강에 영향을 미치기 때문에 더 집중적으로 검사를 받았다. 내 몸의 모든 부분은 심장의 건강에 달려 있다. 그래서 하나님은 심장을 몸의 중앙에 있게 하시고 뼈로 만든 상자 안에 두셨다.

대계명은 우리 심장, 즉 마음이 하나님께 얼마나 중요한지 구체적으로 언급한다.

"이스라엘아 들으라 우리 하나님 여호와는 오직 유일한 여호와이시니 너는 마음을 다하고 뜻을 다하고 힘을 다하여 네 하나님 여호와를 사랑하라 오늘 내가 네게 명하는 이 말씀을 너는 마음에 새기고"(신 6:4-6, 강조체 저자).

모세가 신명기에서 십계명을 소개한 직후 바로 쉐마를 소개했다는 사실이 흥미롭다. 주님은 히브리인들이 쉐마를 정기적으로 지켜야 할 단순한 종교 훈련으로 생각하기를 원하지 않으셨다. 우리 존재의 핵심을 쉐마가 지배하기를 원하셨다.

우리 마음은 컴퓨터 운영 체제와 유사하다. 운영 체제는 모든 다른 프로그램이 제대로 기능할 수 있게 하는 핵심 프로그램이다. 운영 체제가 없는 컴퓨터는 아무 짝에도 쓸모없는 회로 덩어리에 불과하다. 대계명은 우리 마음의 하드 드라이버에 업로드되어야 한다. 그래야만 우리는 우리 삶과 가정과 사역을 제대로 이끌 수 있다.

대계명은 위대한 의사가 목회자의 심장 상태를 종합

적으로 검진하는 것이다. 대계명으로 우리는 이 중요한 질문을 하게 된다. '나는 온 마음을 다해 하나님을 사랑하고 있는가?'

이 질문을 간과해서는 안 된다. 이 질문에 자신 있게 대답할 수 없다면 하나님이 이 책을 사용하셔서 처음 사랑을 되찾도록, 온 마음을 다해 하나님을 사랑하던 목회자의 열정을 회복하도록 도와주시기를 기도한다.

영적 심전도 검사

해마다 정기 검진 때 받은 심전도 검사는 내 심장의 전기적 활동에 대한 일종의 '스냅 사진'이었다. 그 검사로 내 심장의 리듬을 확인했다. 의사는 심장이 정상적인 리듬으로 박동하고 있는지 확인했다. 심장 박동이 너무 빠르거나 느리거나 아니면 불규칙하거나 건너뛸 때 부정맥이 발생한 것이라고 볼 수 있다. 심전도 검사는 또한 우리 심장에 문제가 생겼는지, 위험한 상태인지, 건강하지 않은지 여부도 확인해준다.

오늘의 영적 검진으로 자신이 아직 거듭나지 않았음을 알게 된다면 영적 심장병, 영적 위축, 심지어 영적 사망에서 보호받을 수 있다. 우리의 영적 심장은 우리를 창조하신 주님과 사랑의 풍성한 관계를 누리도록 지어졌다. 오늘 우리가 할 일 중 하나님과 동행하는 것보다 더 중요한 일은 없다. 이번 주에 집이나 교회에서 꼭 해야 할 일 중 하나님을 사랑하고 예배하는 것보다 더 중요한 일은 없다. 우리는 그 관계의 풍성함을 토대로 리더십을 행사한다. 그러므로 일단 이 정도에서 이 내용은 마무리하고, 여기까지 이 책을 계속 읽은 당신을 칭찬하고 싶다. 계속 성장하며 좋은 리더가 되고 싶은 진심이 느껴진다.

 우리 심장이 우리 주님과 같은 리듬으로 박동하고 있는지 확인하기 위해 우리 심장을 검진할 방법은 무엇인가? 예수님은 우리 마음 상태를 검사하시려고 비유의 형태로 영적 심전도 검사를 하셨다. 누가복음 8장 4-15절에서 씨 뿌리는 자의 비유를 읽고 하나님이 이 비유를 사용해 우리 마음의 영적 상태를 진단하시도록 맡겨드리기를 바란다. 이 비유는 우리 마음의 네 가지 영적 상태를 보여주는 네 종류의 토양을 소개한다. 이 비유를 읽은 다음 아래 소개한 매우 중요한 네 가지 진단 질문에 대답해보라.

 씨 뿌리는 자의 비유는 세 개의 공관복음서에 모두 등장하는 유일한 비유로 그 중요성이 여기서 드러난다.

그 당시 문화에서 거의 모든 사람이 농업에 종사하거나 적어도 농사에 대해 잘 알았기 때문에 예수님은 농사와 관련한 메타포를 종종 사용하셨다. 심지어 도시에 사는 사람들도 대부분 농사를 지어본 경험이 있었다. 이 비유에서 씨 뿌리는 농부는 하나님이시고, 씨는 그분의 말씀이며, 우리 마음은 땅에 해당한다.

우리 마음 상태를 평가하는 데 도움이 되는 다음의 네 가지 진단 질문에 스스로 답해보라. 그리고 하나님께 여쭤보라.

내 마음 밭이 너무 딱딱하지는 않은가?

"뿌리는 자는 말씀을 뿌리는 것이라 말씀이 길 가에 뿌려졌다는 것은 이들을 가리킴이니 곧 말씀을 들었을 때에 사탄이 즉시 와서 그들에게 뿌려진 말씀을 빼앗는 것이요"(막 4:14-15).

우리 마음은 사탄과 귀신의 공격에 매우 취약하다. 얼핏 보면 마치 숙명론처럼 들리지만, 하나님은 사탄에게 백지 수표를 주지 않으셨다. 우리 스스로 사탄을 다스리시는 예수님의 권세를 망각함으로 영적 허세를 부리는 사탄에게 괴롭힘을 당하도록 자초하는 것이다. 하나님은 사탄에게 우리를 시험할 수 있도록 재량권을 허용하심으로 우리 믿음이 굳건한지 확인하거나 허약함을 드러내도록 하신다. 그러나 그렇다고 우리 스스로 우리 마음을 평가해야 할 필요성이 사라지지는 않는다.

이 비유는 단순히 가룟 유다와 같은 지도자들의 악한 심령을 고발하는 것이 목적이 아니다. 베드로와 다른 최전선에 있는 지도자들 역시 끊임없이 사탄의 공격을 받고 있었다. 예수님은 베드로에게 "사탄이 너희를 밀 까부르듯 하려고 요구하였으나 그러나 내가 너를 위하여 네 믿음이 떨어지지 않기를 기도하였노니 너는 돌이킨 후에 네 형제를 굳게 하라"(눅 22:31-32)라고 경고하셨다.

이 경고가 있은 직후 베드로가 얼마나 괴로운 밤을 보냈는지 우리는 모두 알고 있다. 예수님이 일생일대의 중요한 기도를 드리시는 동안 졸고 있었던 그는 잠에서 깨어나 바로 성전 경비병의 귀를 베어버렸다. 그 정도로도 모자라 그는 예수님을 모른다고 세 번이나 부인했다.

베드로는 영적 거장이었지만 지쳐서 매우 취약해져 있었고, 영혼의 돌봄이 필요했다. 브라이언 크로프트(Brian Croft)는 한계 상황에 도달해서 자신의 영혼이 죽어

가고 있던 시기를 이렇게 회고한다. "우리는 스트레스나 우울함이나 불안처럼 우리 몸이 쉼 없이 보내는 경고 사인들을 무시한다. 쉬지 않고 계속 스스로를 채근하고 내달리다가 결국 한계 상황에 부딪힌다. 우리 연약함을 인정한다는 것은 어떤 의미에서 언제 달리고 가야 할지, 언제 멈추고 쉬어야 할지를 아는 것이다."1)

이 책을 읽고 있는 사람 중에는 지금 사탄에게 밀 까부르듯 까불림을 당하는 이도 있을 것이다. 베드로처럼 믿음에서 멀어졌다 하더라도 돌이킨 후 형제자매들을 굳건히 할 수 있다. 사탄은 우리에게서 하나님 말씀의 씨앗을 빼앗아가려고 끊임없이 시도할 것이다. 베드로의 이야기를 계속 따라가보면 그가 이렇게 까불림을 받는 일은 이후에도 일어났다. 그런데 이번에는 불순종 때문이 아니라 순종했기 때문이었다. 야고보가 순교당한 직후 베드로 역시 투옥되었다. 그러나 베드로의 시련에 대한 교회의 반응을 살펴보라.

"이에 베드로는 옥에 갇혔고 교회는 그를 위하여 간절히 하나님께 기도하더라"(행 12:5).

그들이 기도하는 동안 예수님은 헤롯의 심복들에게

서 베드로를 건져내셨다. 교회가 그를 위해 기도하는 동안 주님의 천사는 그를 호위하여 무장한 16명의 경비대를 무사히 지나쳐갔다. 교회가 이 정도로 뜨겁게 기도해준다면 완전히 지쳐서 중도에 탈락하는 목회자는 눈에 띨 정도로 줄어들 것이라고 개인적으로 확신한다. 목회자와 교회 지도자는 주저하거나 부끄러워하지 말고 교회 가족에게 기도의 지원을 부탁해야 한다. 짐작이기는 하지만, 우리가 요청하는 것만큼 기도의 중보자들이 생길 것이다.

회복 탄력성이 높은 건강한 목회자는 교회의 진정한 주인이 누구인지 자신에게 규칙적으로 주지시킬 것이다. 우리 힘으로 사탄을 추적할 필요도 없고, 가족과 사역을 외면하도록 사탄이 우리를 뒤쫓게 두고 보아서도 안 된다. 지도자는 "근신하라 깨어라 너희 대적 마귀가 우는 사자 같이 두루 다니며 삼킬 자를 찾나니"(벧전 5:8)라는 말씀을 명심해야 한다. 지도자라면 "사탄에게 속지"않아야 하며 "그 계책을 알아야" 한다(고후 2:11).

예수님은 "마음이 완고한" 예루살렘의 종교 지도자들과 많은 갈등을 겪으셨다. 더없이 신실한 유대인들은 대계명이 중요함을 믿었을 뿐 아니라 하루에 두 번 이 명령을 암송하고 현관문에 그 글귀를 써두었다(메주자). 이미 언급했듯이 어떤 유대인들은 심지어 그것을 작은 상자에 넣고 이마에 묶기도 했다(필락테리아, 경문). 하나님을 사랑한다는 것을 이렇게 형식적으로 표현하는 것이 초창기에는 도움이 되었을지 모른다. 하지만 하나님은 쉐마를 그들의 가슴에 새기고 순수한 애정으로 표현하기를 원하셨다(렘 31:33, 히 8:10).

목회자는 이와 같은 익숙한 주제를 다룰 때 신중하게 접근해야 한다. 나는 인생의 가장 심오한 질문들에 대한 판에 박힌 교과서식 답변을 이미 다 알고 있는 목회자들이나 사역자들과 선교사들과 거의 매일 대화를 나눌 기회가 있다. 우리 마음을 살피고 지키는 데 미온적이기 때문에 이런 지식은 우리를 취약하게 한다. 우리 마음을 믿는 것이 위험한 이유는 예수님이 우리 마음이 죽음의 소굴이 되기 쉽다고 가르치셨기 때문이다. 마가복음 7장 21-22절에서 예수님은 아래와 같이 말씀하셨다.

> "속에서 곧 사람의 마음에서 나오는 것은 악한 생각 곧 음란과 도둑질과 살인과 간음과 탐욕과 악독과 속임과 음탕과 질투와 비방과 교만과 우매함이니."

아마 당신은 에베소 교인들처럼 "너의 처음 사랑을

버렸을"지 모른다(계 2:4). 당신은 구원받은 것을 알고 있지만, 또한 영적으로 고갈되었음을 스스로 알고 있다. 사역을 처음 시작할 때처럼 온전히 사랑하고 헌신하고 있다고 솔직히 말할 수 없다면, 예수님은 다음 단계로 할 일이 돌이키는 것(회개)이라고 말씀하신다.

> "그러므로 어디서 떨어졌는지를 생각하고 회개하여 처음 행위를 가지라 만일 그리하지 아니하고 회개하지 아니하면 내가 네게 가서 네 촛대를 그 자리에서 옮기리라"(계 2:5).

지금 생명 유지 장치에 의지해 겨우겨우 생명을 이어가고 있다면, 그 상태로 있을 이유가 없다는 사실을 알려주고 싶다. 회복과 탄력성은 회개의 맞은편에 있다. 굳은 머리와 완고한 마음으로 공적 사역을 감당하는 우리에게 회개가 쉬운 일은 아니다. 하지만 하나님의 은혜는 우리가 지은 모든 죄악보다 훨씬 더 크다. 바로 이 순간 하나님의 말씀에 귀 기울이고 그분의 말씀을 적용하는 시간을 가진다면 우리 대적은 힘을 잃고 우리의 굶주린 마음의 토양에서 그 말씀을 빼앗아가지 못할 것이다.

기도: 예수님, 오직 당신만이 완악하게 굳은 제 마음을 부드럽게 해주실 수 있습니다. 죄와 이기심을 버리고 겸허한 마음으로 당신께 돌아갑니다. 당신의 말씀에서 당신의 음성을 듣겠습니다. 오늘 저를 악한 자에게서 건져주시고 시험에 들지 않게 이끌어주옵소서.

내 마음 밭이 너무 얕지는 않은가?

내가 처음으로 스포츠 팀 선수로 활동했을 때는 실력보다 열정이 더 앞섰다. 텍사스주 타일러에 있는 YMCA의 1학년 농구팀은 나와 가까운 친구인 밴디가 주도했다. 당시 그는 우리 팀에서 단연 최고의 선수였다. 그는 거의 기적에 가까울 정도의 놀라운 슈팅과 드리블 실력을 뽐내었고, 둘 다 형편없었던 나는 당연히 부러운 눈으로 바라볼 수밖에 없었다. 우리 팀의 전략은 이 최고의 공격수에게 공을 몰아주는 것이 전부였다.

나의 생애 첫 농구 경기에서 나는 상대팀에게서 기적적으로 공을 빼앗아 골대를 향해 전력 질주했다. 나는 드디어 농구공을 드리블할 수 있게 되어 황홀했고, 이 공격을 주도하여 득점하는 것이 얼마나 쉬운지 확인하고 너무나 놀랐다. 내가 너무 빨라서 아무도 나를 따라잡지 못할 것이라는 착각이 들 정도였다!

그 경기에서 처음이자 유일한 득점을 올린 나는 코트 맞은편에 앉아 있던 부모님과 코치와 팀원들이 아무 반응을 보이지 않는다는 것을 알고 혼란스러웠다. 불행하게도 기쁨은 너무나 짧았다. 나는 정반대 방향으로 최선을 다해 달려 상대 팀의 점수를 올려주었던 것이다.

주님에 대한 우리의 열정이 진정한 사랑의 관계가 아닌 종교적 경험에 뿌리내리고 있다면 하나님을 향한 우리의 열정은 금방 식어버리고 말 것이다. 열정은 보통 쉬이 사라지므로 우리는 때에 상관없이 우리 안에서 자라는 하나님의 깊은 사랑과 이 열정을 혼동해서는 안 된다.

얕은 차원에서 이루어지는 회심의 경험이 너무나 많다. 목회자들은 여름 성경 학교에서 종종 "천국에 가고 싶은가?"라는 질문을 던졌을 때 너나없이 손을 드는 학생들을 흐뭇한 마음으로 바라본다. 학생들은 지옥에 대한 공포감을 심어주는 강압적인 분위기의 캠프나 강사의 설득으로 앞다투어 제단 앞으로 나온다. 죽음이나 이혼 혹은 구금 등의 아픔을 조금이라도 경험한 성인들 역시 열광적인 기도에 쉽게 마음을 빼앗긴다.

"또 이와 같이 돌밭에 뿌려졌다는 것은 이들을 가리킴이니 곧 말씀을 들을 때에 즉시 기쁨으로 받으나 그 속에 뿌리가 없어 잠깐 견디다가 말씀으로 인하여 환난이나 박해가 일어나는 때에는 곧 넘어지는 자요"(막 4:16-17).

비유의 이 부분에서 돌밭에 뿌려진 씨는 뿌리를 내릴 수 없어서 수분 부족으로 말라 죽었다. 예수님은 그분의 말씀이 우리 마음에 뿌리를 내리고 자랄 기회를 얻지 못할 때 기쁨은 쉽게 냉담함으로 바뀔 수 있다고 경고하신다.

목회자는 복음이 마치 가장 짧은 길로 찾아 흐르는 물처럼 최소 저항의 경로 같은 것이라는 인상을 주어 복음을 값싸게 만들지 않도록 유의해야 한다. 예수님은 오히려 정반대로 가르치셨다(마 7:13-14).

우리는 또한 말씀이 우리 마음에 뿌리를 내리고 자라도록 노력하지 않음으로 복음을 값싸게 만들 수 있다. 목회자들과 선교사들이라고 약하고 깊이가 얕은 마음에서 자유로운 것은 아니다. 예수님께 우리 마음을 돌보시도록 내어드리는 일에 태만할 때 우리의 연약한 마음은 쉽게 돌밭이 될 수 있다.

목회자로서 우리는 교인들과 마찬가지로 동일한 문제들과 싸워야 한다. 사역 지도자들과 배우자들이 결혼 관계의 악화, 자녀들의 반항, 연로하신 부모님을 부양하는 문제로 인한 좌절감으로 힘들어하는 모습은 그렇게 특별한 것이 아니다. 다른 사람들과 마찬가지로 목회자 역시 시간과 돈과 에너지가 고갈된다. 이런 어려움들이 무방비 상태의 얕은 마음을 드러낸다면 신속하게 은혜의 우물로 다시 돌아가야 한다. 우리 자신을 위해서나 사역을 위해서라도 말이다.

그 은혜의 우물에서 우리는 다시 마음의 건강을 회복할 수 있다. 사도 바울은 에베소 교회가 예수님을 아는 지식이 마음에서 더욱 깊어지고 "[모든] 지식에 넘치는 그리스도의 사랑을 알게"해달라고 기도했다(엡 3:18). 바울은 여기서 지식을 표현할 때 두 가지 다른 언어를 사용한다. 먼저 그는 그들이 **지식**(세속적 사실)을 뛰어넘는 (넘치는) 사랑을 **알게**(인지하게/ 이해하게) 해달라고 기도하고 있다. 예수님에 대한 개인적이고 친밀한 지식은 하나님의 말씀을 머리로만 알고 있는 모든 사실적 지식을 능가한다. 물론 교회 지도자에게는 두 지식 모두 중요하다. 머리로는 이미 대답을 알고 있을지 모른다. 하지만 예수님이 충만하게 채워주셨던 기쁨을 다시 발견하도록 마음의 깊은 안식을 누려본 때가 마지막으로 언제인가?

기도: 예수님, 저의 믿음이 더욱 깊어지기 원합니다. 도와주십시오. 여러 압박감에 시달려 주님의 사랑과 말씀과 사역에 집중할 수가 없습니다. 저의 마음이 다시 주님께 집중하기를 원합니다. 저의 얕은 마음이 지속적으로 열매 맺는 비옥한 땅이 되도록 변화시켜주옵소서.

내 마음 밭이 너무 어수선하지 않은가?

"가시떨기에 떨어졌다는 것은 말씀을 들은 자이나 지내는 중 이생의 염려와 재물과 향락에 기운이 막혀 온전히 결실하지 못하는 자요"(눅 8:14).

하나님의 말씀이 우리 의지와 싸울 때 지저분하고 이기적인 우리 마음의 상태가 드러날 것이다. 어수선한 마음의 공통된 세 가지 원인은 염려와 재물과 향락이다.

<u>염려</u>
가시가 건강한 식물의 기운을 막듯이 염려는 우리의 건강한 믿음을 고사시킬 수 있다. 믿음을 잃는다고 말하는 것이 아니다. 믿음이 조금씩 잠식당해 기쁨을 잃게 된

다고 말하는 것이다.

목사인 한 절친한 친구가 나에게 한탄하듯이 이렇게 털어놓은 적이 있다. "내가 목회를 하지 않았더라면 하나님과 동행하기가 더 수월하지 않았을까 하는 생각이 들 때가 있다네." 그렇다. 교회 사역조차 우리의 영적 성장을 고사시키는 원인이 될 수 있다. 내가 아는 모든 사역자는 자신들의 영적 성장이 사역의 성장보다 앞서기를 원한다. 하지만 항상 그 바람대로 이루어지지는 않는다.

염려에 해당하는 영어 단어의 기원은 '숨이 막히다'(choke)는 의미의 독일어 *würgen*에서 파생했다. 믿음이 염려로 인해 고사당한다는 생각이 들 때 당장 시간을 내어 아래 구절을 기도하며 묵상하라. 하나님께 우리 마음과 생각을 평강으로 지켜주시도록 구하라.

"아무 것도 염려하지 말고 다만 모든 일에 기도와 간구로, 너희 구할 것을 감사함으로 하나님께 아뢰라 그리하면 모든 지각에 뛰어난 하나님의 평강이 그리스도 예수 안에서 너희 마음과 생각을 지키시리라"(빌 4:6-7).

우리는 의도적이고 지속적으로 우리의 영적 맥박을 점검해야 한다. 나아가 두 명 이상의 성숙한 성도에게 우리 마음의 상태를 점검하도록 도와달라고 부탁할 필요가 있다.

재물

내가 열세 살 때 엘비스 프레슬리가 사실상 거대한 재물에 짓눌려 사망했다는 소식을 들었다. 엘비스는 역사상 가장 많은 솔로 앨범을 판매했고, 그레미상 후보로 열네 번이나 지명되었다. 나는 멤피스의 그레이스랜드뿐 아니라 내슈빌의 컨트리뮤직 명예의 전당에서 그의 화려한 차와 도금한 그랜드 피아노를 관람했다. 그가 받은 모든 상과 장난감, 기록, 명성과 부는 "재물의 유혹"(부의 기만성)을 확인해주는 서글픈 상징이다. 그리스도 안에서 이 사랑하는 형제는 이런 재물의 유혹으로 파괴적 종말을 맞았다.

우리 중 누구도 재물이 주는 거짓된 안정감과 자존감에서 자유로울 수 없다. 목회자도 이런 덫에 걸릴 수 있다. "월급이 더 많다면"이라거나 "교회 예산이 더 넉넉하다면"이란 푸념이나 한탄은 우리가 우리의 왕이 아닌 재물을 더 신뢰한다는 것을 드러낸다. 언젠가 우리가 애지중지하던 물건은 모두 쓰레기장으로 가든지 보이지 않는 창고에 처박히든지 자녀의 차고에서 먼지를 뒤집어쓸 것이다.

향락

"이생의 향락"(pleasure of life)으로 번역된 헬라어는 절대 채워지지 않는 관능적 욕망을 가리킨다. 영어 단어 hedonism(쾌락주의)이 바로 이 헬라어에서 파생하였다. 쾌락주의는 쾌락이나 세속적 행복을 인생의 가장 가치 있는 목표라고 믿는 사상이다. 로마 황제들은 쾌락주의로 악명을 떨쳤고, 이런 쾌락주의는 로마 제국의 문화적 표준이 되었다.

트레빈 왁스(Trevin Wax)는 자신의 저서『디스 이즈 아워 타임: 우리 시대의 진면목』(*This Is Our Time*, 한국장로교출판사 역간)에서 우리가 굴복한 가장 거대한 신화는 행복에 대한 맹신이라고 지적했다. 바나 리서치(Barna Research)가 조사한 바에 따르면 미국인의 84퍼센트가 "인생의 가장 중요한 목표가 인생을 최대한 향유하는 것이라"고 믿고 있음을 확인해주었다. 더 비극적인 것은 교회에 다니는 그리스도인의 66퍼센트가 이 거짓말에 동조한다는 사실이었다.[2]

아다시피 쾌락주의와 물질주의는 현대 문화에서 그 맹위를 떨치고 있으며, 우리 교회와 강단에 불길한 위협으로 작용하고 있다. 스포츠, 학교 활동, 직장, 취미에 우리 삶이 휘둘릴 때가 적지 않다. 성공과 소유에 대한 집착은 우리 마음을 황폐하고 공허하며 지치게 한다.

목회자로서 우리는 예수님보다는 사역의 성공이라는 척도에 초점을 맞추고 싶은 유혹을 받는다. 우리의 자아는 때로 더 많은 교인과 더 많은 관심을 갈망하지만, 우리의 가장 중요한 동기는 그리스도에 대한 사랑이어야 한다. 그래야 사역의 부르심을 가장 중요하게 생각할 수 있다.

기도: 예수님, 제가 세속적 욕망에 마음을 빼앗기고 주님을 사랑하는 데 소홀하였음을 인정합니다. 주님은 저의 기쁨이고 구원이십니다. 당신을 섬기고 사랑하는 것보다 중요한 일은 이 세상에 없습니다. 주님, 이 세상의 염려에 휘둘리지 않고 제 마음을 늘 정결하게 지키도록 도와주십시오.

내 마음 밭은 건강한가?

"좋은 땅에 뿌려졌다는 것은 곧 말씀을 듣고 받아 삼십 배나 육십 배나 백 배의 결실을 하는 자니라"(막 4:20).

우리 중 많은 사람이 한결같이 하나님과 동행하고 있으며, 하나님을 향한 사랑이 날로 자라고 있음을 알고 있다. 자신의 영적 건강에 적극적으로 투자하는 사람들이 이 책을 읽고 있으리라 생각한다. 다른 사역자나 멘토와 함께 이 책을 읽고 있을지도 모르고, 비공식적으로 사역 중인 멘티와 이 책을 읽고 있을지 모른다. 아직 해당하는 상황이 없다면 미리 준비하기를 바란다. 우리는 모두 영적 심전도 검사를 해주어야 할 사역자 친구들이 있다. 다시 무릎을 꿇도록 도와줄 바나바가 필요한 사람을 한 사람 이상은 알고 있다.

인간의 심장이 정상적인 속도로 박동할 경우 몸 전체로 피를 내보내며 몸의 모든 부위가 정상적으로 작동하게 된다. 영적 회복 탄력성이 높은 목회자가 하나님이 보시기에 정상인 이유는 모든 그리스도인의 삶과 사역에 대한 하나님의 계획이 원래 그러하기 때문이다. 평범함이 문화적 표준이 되었지만, 기독교적 표준은 아니다. 미지근한 사랑은 하나님이 보시기에 비정상이며 역겨운 것이다(계 3:16). 하나님을 향한 열렬한 사랑은 새로운 정상이 아니라 오래된 정상이다.

기독교에 대해 시도되는 모든 문화적 재정의 작업을 우리는 단호히 거부해야 한다. 대계명은 오래된 정상이다. 그것은 예수님의 말씀으로 2,000여 년 이상의 과거로 거슬러 올라가고, 다시 모세의 명령으로 1,500년 이상 거슬러 올라간다. 그렇게 시작된 것이다. 물론 하나님의 모든 말씀은 하나님의 심장에서 기원하며 역사상 다른 시대처럼 오늘날에도 시간에 구애받지 않는 적실성을 지닌다.

개인적 진단에 상관없이 보편적인 지표는 간단하다.

"내가 주의 진리에 행하오리니 일심으로 주의 이름을 경외하게 하소서 주 나의 하나님이여 내가 전심으로 주를 찬송하고"(시 86:11하-12상).

온 만물의 주께서 우리와 풍성한 사랑의 관계를 누리기를 바라신다니 이 얼마나 놀라운 특권인가. 굳은 마음도 있고 얕은 마음이나 어수선한 마음도 있지만, 우리는 말씀을 잘 받아들이는 마음이 되도록 오롯이 책임을 다해야 한다.

영적 심전도 검사를 받았다면 지금 당신의 실제 마음은 어떤 상태인가? 딱딱한가? 얕거나 어수선한 상태인가? 아니면 수용적이고 건강하며 결실을 맺는 상태인가?

마음이 말씀을 잘 받아들이고 따라서 인생과 사역이

결실을 보인다면 하나님의 사랑은 우리가 받을 자격도 없고 먼저 시작하지도 않은 선물이라는 사실을 잊지 말아야 한다. 그렇지 않으면 교만이 슬그머니 찾아와서 우리의 기쁨과 하나님의 영광을 훔쳐갈지 모른다.

일단 우리 마음이 다시 건강하게 되면 언젠가 잘 마무리할 수 있도록 이 건강을 지킬 수 있는 방법은 무엇인가?

레이 앨런(Ray Allen)은 두 번의 우승과 열 번의 올스타에 선정된 후 2016년 NBA에서 은퇴했다. 그는 2,973점을 기록하며 역대 3점슛 부문 선두에 올랐고, 스테판 커리(Sthephen Curry)가 2022년 12월 14일에 그 기록을 깰 때까지 정상을 지켰다. 어린 시절의 자신에게 보내는 편지에서 그는 이렇게 썼다. "NBA에서 성공한 비결이라면 비결이 전혀 없다는 것이다. 그저 지루한 오래된 습관 덕분이었다."[3]

비결은 없다.

쉬운 길도 없다.

그저 매일 하나님과 동행하며 그분이 우리 마음을 가꾸어주시도록 하면 된다. 우리 심장이 더는 뛰지 않을 때까지 이 일을 지속하면 된다.

4장

목숨을 다하여

시신 보관소에 11시간 동안 안치되어 있던 91세의 야니나 콜키에비치가 갑자기 깨어나는 바람에 주위를 놀라게 한 사건이 있었다. 그녀는 오스트로프라는 폴란드 동부의 한 도시에서 주치의에게 공식적으로 사망 진단을 받았다. 의사는 야니나의 맥박이 잡히지 않는 것을 확인하고, 사망 진단서를 작성하고 있던 중이었다. 잠에서 깬 야니나는 뜨거운 차와 팬케이크를 달라고 요청했다.

야니나를 진단한 의사는 이렇게 말했다. "할머니께서 사망하셨다고 확신했습니다. 너무 놀라서 기절할 것 같았습니다. 어떻게 이런 일이 일어날 수 있는지 이해가 안 됩니다. 분명히 심장이 뛰지 않았고 더 이상 숨도 쉬지 않았습니다."[1]

내가 교류하는 사역자, 장로, 다른 교회의 지도자들 중 놀라울 정도로 많은 이가 끊임없이 가쁜 숨을 몰아쉬고 있다. 거의 맥박이 잡히지 않는 사람들도 있다. 그들은 계획해둔 사역에 쉼 없이 호기롭게 뛰어들지만, 돌보지 않은 자신의 영혼이 얼마나 쇠약해져 있는지 깨닫지 못한다.

이렇게 고갈된 상태를 정상적인 삶과 섬김의 방식으로 받아들이는 경우가 많다는 사실은 훨씬 더 충격이다. 목숨(soul)은 문자적으로 '숨'을 의미한다. 그래서 다소 무례하게 들릴지 모르지만, 정상적으로 호흡하고 있는 삶을 살고 있는지 단도직입적으로 물어보고 싶다. 정상적으로 호흡하고 있다면 당신의 인생은 활력이 있다고 할 수 있다. 활력이 없다면, 시신 보관소에 누워 있다 깨어나는 불상사가 생기지 않도록 무엇이든 해야 한다.

필립 네이션(Philip Nation)은 처음 이 원고를 쓰도록 제안한 편집자다. 그는 목회자이자 작가이자 출판인이며, 나의 절친한 친구다. 카페에 앉아 이 책에 대해 논의하는 초기 단계에서 그는 잊을 수 없는 강력한 한마디를 남겼다.

"사역자들은 사역 때문에 자신이 어떤 상태인지 인지

하는 감각을 상실할 수 있다."

사역하면서 끊임없이 삶의 의욕을 소모하고 있다면, 교회와 자신을 더 분명하게 분리하는 작업을 해야 한다. 지난 35년 동안 사역자로 살아오면서 사역에만 매달려 나를 잃어버린 적이 여러 번 있었다. 사역 외에는 개인적인 삶이 거의 없었던 적도 있었다. 지금 돌이켜보면 슬픈 마음이 든다. 우리 영은 곧 생명이다. 그러므로 이번 장은 인생을 찬찬히 돌아보고, 용기를 내어 정서적인 건강을 회복하고 지속시켜줄 대담한 변화를 일으킬 좋은 기회가 될 것이다.

하나님을 향해 당신의 영이 깨어 있는지 혹은 낙심하거나 자포자기한 상태인지 답해보라. 이를 통해 영혼의 맥박이 정상적으로 뛰고 있는지 정직하게 점검해보도록 도전하고 싶다.

깨어 있는 영

영, 즉 목숨은 개별 인격체와 동의어이기 때문에 일반적으로 '생명'으로 번역된다. 이는 내세의 삶이 아니라 바로 지금의 우리 삶을 의미한다. 그리스도인의 영은 다시 구원받을 필요가 없다. 하지만 때로 다시 각성해야 한다.

우리는 모두 영적, 정신적으로 깨어 있기를 열망한다. 그런 우리에게 희소식이 있다. 온전히 살아 있는 각성한 영혼, 회복 탄력성을 지닌 영혼을 소유하는 것이 가능하다는 것이다. 당신의 영혼이 잠에 취해 무기력하다면, 나와 함께 시대를 초월한 기도를 드리자. 아주 간단하다. "내 영혼아 깰지어다"(시 57:8).

깨어 있는 영혼은 내면의 삶과 보조를 맞추기 위해 외면의 삶을 정리하는 법을 배운다(그 반대가 아니다). 숙련된 지도자들은 일정에 끌려다니지 않고 우선순위를 조정하는 정교한 기술을 터득한다. 지도자로서 성장한다는 것은 우선순위를 제대로 조정하는 법을 배운다는 뜻이다.

건강한 사역자들이 교회와 사역도 건강하게 이끌 수 있다. 그들은 먼저 자신을 지도하는 법을 배웠기 때문이다. 35년 동안 목회 사역을 하면서 나는 꾸준히 세 가지 기본 훈련을 해왔다. 이 세 가지 훈련 덕분에 내 영혼이 늘 깨어 있을 수 있었다.

1. 매일 예배하기

나는 목숨을 다해 하나님을 사랑하고 싶은 마음이 간절하지만, 하나님을 사랑하려면 매일 훈련해야 한다. 한 사람의 일정은 그가 무엇을 우선순위에 두는지를 정확히 보여준다. 이것은 부정할 수 없는 사실이다. 일정은 거짓말을 하거나 과장하지 않는다. 우리의 제일 되는 목표는 목숨을 다해 하나님을 사랑하는 것이다. 따라서 모든 일정에서 하나님을 사랑하는 것이 가장 우선순위에 있어야 한다. 만물을 지으신 하나님이 매일 내 영혼을 직접 회복해주고 싶어 하신다는 사실은 놀랍고 경이롭다. 하나님은 이 사실을 우리에게 명확히 알려주셨다.

"수고하고 무거운 짐 진 자들아 다 내게로 오라 내가 너희를 쉬게 하리라"(마 11:28).

우리는 하나님과 지속적이고 꾸준히 동행해야 한다. 그래야 영적 안식을 얻을 수 있다. 예수님은 수고로 지쳐 있든지 아니든지 그분의 임재 앞으로 우리를 초대하신다.

"내 안에 거하라 나도 너희 안에 거하리라 가지가 포도나무에 붙어 있지 아니하면 스스로 열매를 맺을 수 없음같이 너희도 내 안에 있지 아니하면 그러하리라 나는 포도나무요 너희는 가지라 그가 내 안에, 내가 그 안에 거하면 사람이 열매를 많이 맺나니 나를 떠나서는 너희가 아무것도 할 수 없음이라"(요 15:4-5).

1장에서 언급한 하나님과의 '헬멧 페이스 마스크 순간'을 겪은 후 제일 먼저 일어난 변화는 매일 주님과 교제하는 시간을 보내는 것이었다. 나는 정해진 일과를 따라 생활하는 편이다. 그래서 14년 전, 일정에 과부하가 걸린 것을 보고 하나님과 나의 관계를 위험할 정도로 방치해왔다는 사실을 깨달았다. 그 당시 나는 일주일에 두세 번 체육관에서 친구와 아침 운동을 했다. 그리고 매주 한두 번의 아침 식사 모임에도 참여하고 있었다.

당시 대형 교회를 목회하고 있었지만, 나도 모르게 가장 귀중한 시간에서 예수님을 몰아내고 있었다. 존 오트버그(John Ortberg)는 이렇게 말했다. "영혼은 스스로 절대 만족시킬 수 없지만, 만족함 없이는 살 수 없다는 데서 역설이 발생한다. 우리는 영혼의 만족을 추구하도록 지어졌다. 하지만 그 만족은 오직 하나님 안에서만 발견할 수 있다."[2]

나에게 가장 필요한 일은 하나님과 함께 하루를 시작

하는 것이었다. 그래서 가장 '먼저' 모든 아침 모임을 취소하는 일부터 시작했다. 나는 이 철칙을 지금까지도 고수하고 있다.

"하나님이여 사슴이 시냇물을 찾기에 갈급함같이 내 영혼이 주를 찾기에 갈급하니이다"(시 42:1).

아마 이 책을 읽는 당신은 성경을 꾸준히 읽거나 공부할 것이다. 그런데 그 말씀을 진정으로 누린 것이 까마득한 옛일은 아닌가? 생명을 주시는 하나님의 임재와 말씀으로 영혼이 강건해지고 새롭게 회복된 지는 얼마나 되었는가?

영혼이 성장하기를 바라는 열망보다 사역을 더 확장하고 성공시키려는 야심이 더 크지는 않은가?

"여호와의 율법은 완전하여 영혼을 소성시키며"(시 19:7).

2. 매주 안식하기

안식일(sabbath)이라는 단어에는 '멈추다'는 의미가 담겨 있다. 안식일을 지키라는 명령은 하나님의 열 가지 명령 중 제4계명에 해당한다. 조금도 쉬지 않고 일주일 내내 일하는 목회자와 교회 지도자는 이 계명에 대한 순종을 부차적인 문제로 취급하기 쉽다. 주일날 온종일 사역하면서 그날을 안식일이라고 부른다면 누구를 우롱하는 것인가? 우리는 하나님의 명령을 한결같이 순종하는 모범을 보여줌으로 교인들을 훈련할 수 있다.

안식일은 명령인 동시에 모든 성도에게 주어지는 선물이기도 하다. 목회자도 예외는 아니다. 사역을 하며 정서적으로 에너지가 충전될 수도 있지만, 감당해야 하는 책임의 무게가 너무 무거울 때는 정서적으로 고갈될 수 있다.

한 목회자는 자신의 심경을 솔직하게 담은 글을 보내왔다. "제가 먼저 무너지지 않는다면 언제라도 그만둘 마음이 있었습니다. 한 기관에서 우리 교회에 '미니애폴리스에서 가장 빨리 성장하는 10대 교회'라고 새긴 명판을 주었던 기억이 납니다. 하지만 정작 내부는 엉망이었습니다. 저의 개인 생활도 엉망이었습니다. 당시 교회를 이끌면서 알찬 개인 생활을 할 수 있다는 말은 아예 믿지 않았으니까요. 사생활과 사역은 양립할 수 없다고 생각했습니다. 우리 교회의 핵심 사역자들은 스트레스로 완전히 지쳐 있었습니다. 우리 중 몇 명이 그 명패를 숲으로 가져가서 부숴버렸습니다. 그 상패에 쓰인 내용이 혐오스러웠습니다. 이 성공이 우리를 죽이고 있다고 생각했습니다."3)

이들과 같은 심정일 목회자가 적지 않을 것이다. 정서가 고갈되었던 원인이 숨 돌릴 틈조차 주지 않는 빽빽한 교회 일정이었는가? 어쩌면 사사건건 트집을 잡는 교인들 때문에 에너지가 고갈되었을 수도 있다. 목회자들 사이에서 임시로 중책을 맡아 감당해온 집사들이 이 책을 읽고 있을지도 모르겠다. 장로로서 교회 직원이나 교인의 훈련을 맡아 감당해야 했을 수도 있다.

사역이 버거워질 때 조금이라도 짐을 맡기고 쉬고 싶을 수 있다.

정서적인 회복 탄력성이 높은 리더는 사역의 무게를 감당하기 어려울 때 사역의 최전선에서 잠시 물러나는 법을 안다. 심장이 힘차게 박동할 수 있도록 정체성을 새롭게 확인하고 교회 밖에서 삶을 누리는 시간을 마련한다. 최근에 나는 일부 목회자를 대상으로 사역을 벗어나 여유를 누리는 삶의 필요성을 강의했다. 강의 중에 한 참석자가 심드렁하게 이렇게 말했다. "2년이나 사용하지 않는 카약이 있어요. 이제 다른 물건으로 바꾸어야겠어요." 다른 목회자들도 질세라 추임새를 넣었다. "저는 사냥을 하러 가곤 했습니다…한때는 골프에 매달렸지요… 저는 정원을 가꾸곤 했습니다."

다윗 왕의 영혼은 푸른 초장과 잔잔한 물가에서 회복을 경험했다. 당신의 영혼은 어디서 가장 빨리 재충전되는가? 나는 가을에는 활사냥을 즐기고, 봄에는 테니스 대회에 참여하며 영혼을 재충전한다. 지난 주일 설교한 대로 풍성한 생명을 누리기에 지금보다 더 적기가 있는가? 다른 사람들을 섬기는 일에 헌신한 사람들에게 자기를 돌보는 일은 이기적으로 느껴질 수 있다. 하지만 확신하건대 건강하지 않은 사역자는 도움이 되기보다 오히려 해악을 끼칠 것이다.

최근에 휴가를 한 번도 가지 않고 거의 10년 동안 목회에만 전념했던 지친 영혼을 만난 적이 있다. 무기력함을 느끼는 많은 목회자처럼 그 역시 오직 사역에만 매달렸다. 그가 아예 포기하지는 않는다 해도 제대로 경주를 마무리할 수 있을지 걱정스럽다.

훨씬 더 나은 삶의 길이 있다.

훨씬 더 나은 섬김의 길이 있다.

3. 매월 제자를 훈련하기

목회자는 기독교 신앙이 개인 경기가 아니라는 것을

깨닫도록 설교하고 가르치며 인도한다. 교인들에게 혼자서 성장하려고 애쓸 필요가 없다고 타이른다. 하지만 이렇게 가르치는 목회자는 정작 이 말을 진심으로 믿고 있는가? 목회자가 몸소 본을 보이는 것이 제자도를 가르치는 가장 효과적인 방법이다. 불행하게도 자신이 인도하지 않는 모임에 일반 회원으로 참여하는 목회자는 거의 찾아보기 어렵다.

지도자에게도 더 깊은 곳으로 믿음의 여행을 하도록 이끌어주고, 교회 가족들과 하나님의 선교에 더 깊이 참여할 수 있도록 이끌어줄 사람이 필요하다. 제자도 모임은 전통적 소모임이나 남성, 여성 제자도반 혹은 일대일 멘토링의 형식으로 진행할 수 있다.

우리 가족은 댈러스에 온 지 불과 몇 개월이 지나지 않았다. 다른 사람 못지않게 혹은 더 절실하게 우리 영혼을 돌보아야 한다는 사실을 알았기에 교회 가족을 부지런히 찾고 있었다. 지난 토요일에 아내와 나는 다른 주에서 열린 사역자 결혼 세미나를 인도하고 돌아온 뒤 완전히 기진한 상태가 되었다. 교회 출석을 건너뛰고 싶다는 생각이 간절할 정도로 피곤했지만, 결국 교회에 갔다. 몇 주 후에는 소모임도 참석했다. 우리는 율법주의자가 아니라 생존주의자다.

영혼을 돌봐주는 사람이 아무도 없는 바쁜 사역자라면, 매달 성장에 도움을 받을 목적으로 누군가를 만나거나 소모임에 참석하기를 강력히 권한다. 사역자는 자신이 훈련하는 사람들 못지않게 훈련을 받아야 한다.

최근 일정에 쫓기지 않고 영혼이 쉼을 누리는 시간을 보낸 적이 있는가? 영혼의 안식이 필요하다면 변화를 시도하라.

낙심한 영혼

우리 영혼이 늘 깨어 있기를 기대하는 것은 현실적이지 않다.

형통할 때 우리 영혼은 기쁨을 누린다. 재판을 받고 십자가형을 받기 전 겟세마네 동산에서 예수님이 괴롭고 힘드셨듯이 같은 상황에서 우리 영혼도 극심한 슬픔에 빠진다. 영혼이 슬픔에 짓눌릴 때 하나님과 이웃을 온 마음으로 사랑할 수 없다.

2장에서 우리는 목숨(soul)에 해당하는 헬라어가 프쉬케이며, 이 헬라어에서 심리학(psychology)이라는 영어 단어가 파생했음을 살펴보았다. 지그문트 프로이트는 '인간의 정신 세계'를 최대한 규명하는 것을 일생의 과업으로 삼았다.⁴⁾ 세속적인 사고방식을 지닌 프로이트조차 인간에게 건강한 영혼이 얼마나 절실히 필요한지 알았다.

영혼의 끔찍한 고통에 시달린 예레미야에게 깊은 동병상련의 정을 느낀 때가 내 인생에도 적지 않았다. 예레미야는 "주께서 내 심령이 평강에서 멀리 떠나게 하시니 내가 복을 내어버렸음이여"(애 3:17)라고 탄식했다. 이 지치고 곤비한 영혼에게 행복은 너무나 아득히 먼 옛날의 기억이었다.

사역 지도자들은 때로 이런 감정을 어떻게 처리할지 몰라서 외면하거나 억눌러버린다. 목회자들은 지치고 힘든 내색을 들키고 싶어 하지 않는다. 그래서 대부분 영혼이 병들고 지쳐 있어도 그 상태를 위장하고 숨긴다. 책임자로서 소임을 다하고자 하기 때문에 감정을 조절하려고 노력하지만, 그 노력이 지속적으로 효과를 거두는 경우는 별로 없다. 나는 목회자들이 낙심을 죄나 실패로 받아들이기 때문에 이런 식으로 행동하는 것은 아닐까 생각한다.

예수님도 때로 낙심하셨다. 놀랍지 않은가?

"내 마음이 심히 고민하여 죽게 되었으니"(막 14:34).

"지금 내 마음이 괴로우니"(요 12:27).

주님이 슬퍼하시고 괴로우셨다고 해서 완전하신 그분이 죄를 지으셨다거나 실패하셨다는 의미는 아니다. 다만 눈앞에 놓인 고통스러운 과정을 통과하시는 중이었을 뿐이다.

예수님의 어머니 마리아는 시므온에게서 언젠가 칼이 그녀의 마음을 찌를 것이라는 예언을 들었다(눅 2:35). 그러나 마리아의 영혼은 낙심의 수렁에 빠지지 않고 오히려 하나님을 찬양함으로 더욱 강건해졌다. 마리아는 이렇게 찬양했다.

"내 영혼이 주를 찬양하며 내 마음이 하나님 내 구주를 기뻐하였음은 그의 여종의 비천함을 돌보셨음이라"(눅 1:46-47).

(한나와 마리아처럼) 자녀 문제로 영혼의 우울을 경험하고 있는가? 아니면 (예레미야와 바울처럼) 사역이나 (다윗과 베드로처럼) 안전의 문제로 영혼의 슬픔을 경험하고 있는가?

바울의 낙심한 영혼은 디도와 같은 사람들을 통해

위로를 받았다. "우리가 마게도냐에 이르렀을 때에도 우리 육체가 편하지 못하였고 사방으로 환난을 당하여 밖으로는 다툼이요 안으로는 두려움이었노라 그러나 낙심한 자들을 위로하시는 하나님이 디도가 옴으로 우리를 위로하셨으니"(고후 7:5-6).

하나님의 은혜로 족하다는 사실을 마음에 새기라. 그리고 곁에 있는 동역자들이 그 은혜의 주체가 될 수 있음을 기억하라. 나는 27년 동안 훌륭한 세 교회에서 사역을 마친 후, 지난 9년 동안 가이드스톤(GuideStone), 라이프웨이(Lifeway), 오클라호마 침례교(Oklahoma Baptists), 케어포패스터스 네트워크(Care4Pastors Network)에서 목회자들을 섬기는 특권을 누렸다. 이와 같은 단체들에는 목회자가 제대로 사역을 시작하고 섬기며 잘 마무리하도록 돕고자 헌신적으로 일하는 수많은 목회자가 있다. 이 활동이 효과적으로 이루어지려면 어려운 시간을 지나고 있는 목회자가 그들의 도움을 기꺼이 받아들여야 한다. 팬데믹 기간에 나는 풀타임 사역 외에 한 교회를 목회하고 있었다. 그 시절은 마치 광야에서 생활하는 것 같았다. 하지만 나는 절대 혼자가 아니었다.

나는 종종 젊은 목회자들과 신학생들에게 어둠의 시간이 찾아올 것을 예상하고, 그것을 받아들이라고 조언

한다. 사도 바울은 젊은 디모데에게 "너는 말씀을 전파하라 때를 얻든지 못 얻든지 항상 힘쓰라"(딤후 4:2)라고 말했다. 사역 지도자들이 어둠의 시간을 즐기리라고 생각하지 않는다. 하지만 이런 시간이 찾아오는 것은 당연하고, 대개 일시적이기 때문에 놀랄 필요가 없다.

전략적인 지도자는 실시간으로 자신의 사역을 평가하고, 마치 산꼭대기에 올라 전체적인 풍경을 보듯 더 큰 그림을 보기 위해 시야를 바꿀 것이다. 우리는 피할 수 없는 힘겨운 장애물 대신 결승선에 시선을 고정해야 한다.

이상적인 회중을 찾아 이 교회 저 교회로 옮겨 다니는 사역자와 지도자는 거대한 낙심의 수렁을 찾아다니는 것과 같다. 사람들이 있는 곳은 어디나 문제가 있다. 회복 탄력성이 높은 목회자는 일을 힘들게 하는 데 이력이 난 사람들과 건강하게 거리를 두는 방법을 터득한 사람이다. 다른 이들이 우리의 기쁨을 앗아가는 가장 일차적인 이유는 우리가 그렇게 허용하기 때문이다.

다윗 왕은 그의 평생 불안하고 고통스러운 시기를 여러 차례 경험했다. 시편 42편 5-6 상반절에서 이렇게 고백한다.

"내 영혼아 네가 어찌하여 낙심하며 어찌하여 내 속에

서 불안해 하는가 너는 하나님께 소망을 두라 그가 나
타나 도우심으로 말미암아 내가 여전히 찬송하리로다
내 하나님이여 내 영혼이 내 속에서 낙심이 되므로."

다윗은 종종 영혼의 어두운 밤을 경험했지만, 하나님이 여전히 그분의 보좌에 굳건히 좌정해 계신다는 소망을 끊임없이 붙들었다. 하나님은 그런 다윗에게 낙관적인 미래가 기다리고 있음을 알려주려고 요나단의 입을 빌려 말씀하셨다. 언제 끝날지 모르는 낙심의 계절이 찾아왔다면 가정 주치의나 전문 상담가의 도움을 받을 것을 권한다. 의학적 훈련을 받은 사람일지라도 자신을 스스로 진단하는 것은 시간 낭비다. 게다가 목회자는 대부분 그런 훈련을 받은 경험이 없을 것이다. 만성적 우울의 안개가 자욱하게 앞을 가리고 있다면, 자신이 어디로 가고 있는지 아는 사람과 안개를 헤쳐나가는 것이 가장 지혜로운 선택이다.

주님께 맡겨드린 영혼

영혼이 낙망하여 있든지 깨어 있든지, 아니면 이도

저도 아닌 어중간한 상태이든지 항상 주님께 자신을 맡겨드려야 한다. 인생의 거친 폭풍우 속에서도 영혼이 닻을 내리고 떠내려가지 않는 유일한 길은 매일 주님 안에 거하는 것이다.

최근에 주님께 자신의 영혼이나 자아를 온전히 내어드린 적이 있는가?

너무 성급하게 이 질문에 대답할 필요는 없다. 주님께 영혼의 일부만 내어드린 채 다시 사역을 감당하기에는 위험 요소가 너무나 많다. 하나님께 영혼을 맡겨드리는 일은 일회적인 영원한 결단이 아니라 매일 내려야 하는 결단이다. 아래에 우리에게 익숙한 성경 구절을 인용해두었다. 천천히 음미하며 읽으라. 그리고 이 구절에 네 번 사용된 "목숨"이라는 단어는 모두 헬라어 프쉬케(다시 말해 '영혼')를 번역한 것임을 기억하라.

"누구든지 나를 따라오려거든 자기를 부인하고 자기 십자가를 지고 나를 따를 것이니라 누구든지 자기 목숨을 구원하고자 하면 잃을 것이요 누구든지 나와 복음을 위하여 자기 목숨을 잃으면 구원하리라 사람이 만일 온 천하를 얻고도 자기 목숨을 잃으면 무엇이 유익하리요 사람이 무엇을 주고 자기 목숨과 바꾸겠느냐"(막 8:34-37).

우리 삶에서 예수 그리스도의 주재권에 내어 맡겨야 하는 부분은 무엇인가? 자신을 부인한다는 것은 무슨 뜻인가? 온 목숨을 다해 하나님을 사랑한다면 우리 인생과 사역은 어떤 모습이겠는가?

바로 지금 새롭게 회복되고 소생한 삶을 살게 해달라고 기도하라. 바로 지금 우리 영혼, 즉 목숨에 성령을 새롭게 불어넣어달라고 하나님께 기도하지 않을 이유가 있는가?

5장
뜻을 다하여

목회 사역의 첫 20년 동안 개인적으로 가장 심혈을 기울인 목표는 대사명에 순종하는 교회를 세우는 것이었다. 이 비전은 지난 20년간 내가 사역했던 세 교회가 성장하는 밑거름이 되었다. 물론 세례와 건축과 예산을 기준으로 성장을 평가한다면 그렇다는 말이다.

문제는 내가 나의 공적 사역만큼 개인적으로 성장하지 못했다는 사실이다. 내가 감당해야 할 하나님의 사역이 나의 내면에서 벌어지는 하나님의 사역을 압도하도록 방치한 것이다. 그 결과 내면의 불꽃이 사그라드는 피할 수 없는 파국을 맞이했다. 또한 사역자로서 중년의 위기에 봉착하기도 했다. 단번에 고층 건물들을 세울 수 있으리라(혹은 뛰어넘을 수 있으리라) 자신했다. 하지만 결국 나는 강철이 아니라 육신을 가진 인간임을 깨닫게 되었다.

세상을 뒤엎는 일은 즐거웠다. 그런데 3년 동안 만성 우울증을 겪으며 내 세계가 완전히 뒤집어졌고, 이 기쁨은 끝나고 말았다.

나는 모든 목회자가 일시적으로 탈진하고 낙심하는 시기를 겪으리라 생각한다. '형통한 사역'(Flourishing in Ministry)이라는 제목으로 2019년에 진행된 연구에서 10,000명의 목회자에게 그들의 영적 건강에 관해 질문했다. 거의 25퍼센트에 달하는 목회자가 정서적으로 탈진하고 건강이 좋지 않아 매우 힘든 시기를 보내고 있다고 대답했다. 또 다른 25퍼센트는 이 첫 번째 그룹과 같은 상태에 도달하기 직전이었다.[1]

인생을 살다 보면 언제든 힘든 시기가 찾아오기 마련이다. 우리는 때를 얻든지 못 얻든지 하나님과 이웃을 섬기고 말씀을 전할 준비를 갖추어야 한다. 그러나 내가 막상 낙심에 빠지자 도무지 걷힐 기미가 보이지 않는 자욱한 안개가 내 마음에 가득 찼다. 나는 꼼짝없이 갇힌 느낌이었고 불안을 이기지 못하고 의사에게 도움을 청했다.

이미 12년이 넘은 일이다. 그리고 그 암울한 낙심에서 나를 건져주신 주님을 찬양한다. 우울은 암처럼 종류가 다양하기 때문에, 전문가의 도움을 받지 않고 자가 진단을 한다면 최악의 판단을 내리는 것이다. 내가 도움을 구한 의학 박사와 전문 치료사는 모두 내가 사역하는 교회의 성도였다. 하나님은 그 두 사람을 사용하셔서 이 구제 불능의 못난이가 다시 제자리로 돌아오게 해주셨다.

미국 남침례교에 소속된 세 학교를 졸업한 나는 내가 섬기는 교인들은 물론이고, 내 정신 건강을 평가하고 다룰 수 있는 준비가 전혀 안 되어 있다는 사실에 크게 놀랐다. 이 일을 겪으며 목회자의 건강은 필연적으로 자신이 담당한 교회의 건강과 직결된다는 사실을 어렵게 배웠다.

한번은 웨스트버지니아에서 열린 목회자 모임에서 우울증에 대한 개인적 경험을 나누었는데, 한 목회자가 다음과 같이 말했다.

"마크 목사님, 목회자 모임에서 이렇게 귀한 가르침을 주셔서 감사합니다. 덕분에 큰 용기를 얻어 전문 상담을 받게 되었습니다. 그 과정을 마무리하는 지금, 그 어느 때보다 선명하게 저를 향한 하나님의 사랑과 은혜를 누리고 있습니다."

영혼의 암울한 밤을 지나고 있던 한 목회자도 기독교

상담소에 도움을 구하라는 나의 조언을 받아들였다. 이후 남침례교 모임에서 그의 아내와 딸들이 나를 찾아와 감사의 말을 전하기도 했다. 그가 치유받고 회복되었다는 기쁜 소식을 전해 듣고 나는 왈칵 눈물이 났고, 기분이 좋아서 미소가 절로 지어졌다. 하나님이 영광을 받으시기를!

미국 정신 건강 연구소에 따르면 미국 성인 중 정신 질환을 겪는 비율이 매년 26퍼센트에 달한다고 한다. 미국 개신교 목회자 중에서도 26퍼센트가 일종의 정신 질환으로 힘들어한 적이 있다고 답했다.[2]

목회자가 대부분 우울증을 경험하고, 그 어느 때보다 많은 목회자가 도움의 손길이 필요할 것이라는 생각이 기우이기를 바란다. 나는 가이드스톤 파이낸셜 리소스에서 목회자 복지부의 리더로 섬기고 있다. 최근 가이드스톤은 코로나19 팬데믹이 시작된 이후 정신 건강 보험 청구액이 40퍼센트가 증가했다고 발표했다.[3]

우울증은 복합적이고 때로 위험하다. 하지만 분명히 치료가 가능하다.

목회자와 교회 리더는 끊임없이 자기 내면의 소리와 싸우는 이들에게 희망과 치유를 전하는 메신저가 되어야 한다. 사람들이 지쳐서 교회를 찾아올 때, 우리는 그들에게 안개가 자욱한 골짜기를 홀로 걸어갈 필요가 없다고 알려주어야 한다. 예수님과 그분의 신부는 주변 이웃이 알차고 풍성한 삶을 살도록 도우려는 열의로 가득하다. 전도서 저자가 가르치듯이 "두 사람이 한 사람보다 나음은 그들이 수고함으로 좋은 상을 얻을 것임이라"(전 4:9).

우리는 온 뜻을 다해 주님을 사랑하기를 열망한다. 그리고 그렇게 하기 원하기 때문에 우리의 정신 건강도 제대로 돌봐야 한다.

새로운 우선순위

정신 건강이 사역에서 중요한 문제로 대두되기 전에 나는 먼저 내 인생에서 그것을 가장 중요한 우선순위에 두어야 했다. 내가 건강을 회복하자 교회는 오랫동안 보기 어려웠던 활기를 되찾았다. 목회자의 전반적인 건강 상태와 그가 섬기는 교회의 직접적 연관성을 생각하면 마음이 서늘해진다.

굳이 성경을 살펴보지 않아도 건강하고 변화된 마음이 얼마나 중요한지 알 수 있다. 정신 건강은 육신의 건강만큼 사람들의 관심을 끄는 주제는 아니다. 하지만 성경 전체에서뿐 아니라 대계명 역시 정신과 육신의 건강이 중요함을 분명하게 강조한다.

"너희 몸을 하나님이 기뻐하시는 거룩한 산 제물로 드리라 이는 너희가 드릴 영적 예배니라 너희는 이 세대를 본받지 말고 오직 마음을 새롭게 함으로 변화를 받아 하나님의 선하시고 기뻐하시고 온전하신 뜻이 무엇인지 분별하도록 하라"(롬 12:1-2).

영적 건강과 관련하여 더 익숙한 주제에 집중하고, 정신과 마음에 관한 까다로운 구절을 다루지 않는 편이 훨씬 편할 것이다. 대계명이 그렇게 취사 선택할 권한을 준다면 그렇게 할 것이다. 하지만 이런 주제에 지레 위축되고 부담감을 가질 필요가 없다. 우리는 전문가가 아니라 돕는 사람으로 부름받았기 때문이다. 목회자가 인간 뇌에 관한 종합적인 이해를 갖추고 있으리라 기대하는 사람은 아무도 없다. 그러나 하나님의 말씀을 맡은 청지기로서 우리는 온 뜻을 다해 주님을 사랑한다는 의미가 무엇인지 알고 있어야 한다.

사탄이 우리 인생을 무너뜨릴 온갖 계획을 세워둔 것

을 잘 알 것이다. 하지만 하나님이 훨씬 더 거대하고 훌륭한 계획을 갖고 계신다는 사실을 잊어서는 안 된다. 예수님은 베드로에게 "시몬아, 시몬아, 보라 사탄이 너희를 밀 까부르듯 하려고 요구하였으나 그러나 내가 너를 위하여 네 믿음이 떨어지지 않기를 기도하였노니 너는 돌이킨 후에 네 형제를 굳게 하라"(눅 22:31-32상)라고 말씀하셨다. 예수님은 베드로가 곧 닥칠 피할 수 없는 싸움에 대비하게 하셨지만, 그의 생각에 두려움의 씨앗을 심지는 않으셨다. 베드로가 넘어지는 것이 하나님의 뜻이었다고 믿지는 않는다. 하지만 베드로가 밀 까부르듯 하는 사탄의 시험을 겪은 뒤 새롭게 되는 과정을 겪으며 더욱 강건해지고 겸손해지도록 허락하신 것은 분명하다.

이후 베드로에게는 강건함과 겸손이라는 자질이 꼭 필요했다.

돌이켜보면 하나님은 베드로에게 거대한 계획을 품고 계셨음을 알 수 있다. 또한 하나님은 우리 인생과 사역에도 중요한 계획을 세워두셨다. 예수님이 우리의 안녕과 그분의 영광을 위해 바로 이 시간에도 중보하고 계심을 믿는가? 예수님은 보좌 주위를 초조하게 서성이시며 우리가 제대로 살고 있는지 궁금해서 마음 졸이지 않으신다. 오히려 우리가 삶을 신실하게 감당하도록 적극적으로 중보하시고, 우리가 넘어질 때 우리를 변호해주신다.

온 힘을 다해 의지적으로 한결같이 하나님을 사랑한다면 지금부터 1년 후 우리가 어떤 모습의 지도자가 되어 있을지 상상해보라. 주 예수 그리스도의 변화시키시는 손길에 우리 생각을 온전히 내어맡기면, 12개월 후 생각에 어떤 변화가 일어나겠는가?

우리 앞에 놓인 선택지는 명확하다. 이 세대를 본받을 것인가? 아니면 그리스도를 믿는 믿음으로 마음을 새롭게 하여 변화를 받을 것인가? 우리는 매일, 매주, 매달, 매년 이 간단한 선택지 중 하나를 택해야 한다. 타협할 것인가? 변화될 것인가?

변화되어가는 성화 과정을 적극적으로 수용하지 않는다면, 이 세대를 본받기로 선택하는 셈이다. 마음을 새롭게 함으로 변화를 받는 길을 선택한다면, 느리지만 성화되어가는 훈련 과정에 집중하는 것이다. 이 과정은 천국에서야 비로소 마무리된다. 변화된 마음은 이 세상과 내세에 모두 유익한 점진적인 성숙이라는 열매를 거두게 해준다.

우리 머리를 둘러싼 전쟁은 쉽게 혹은 금방 이길 수 있는 싸움이 아니다. 이 싸움에서 지거나 승리하기까지 오래 걸려도 낙심할 필요가 없다. 이런 일시적인 후퇴는 불가피하다. 강건하고 건강한 목회자와 지도자는 쉽게 싸움을 포기하지 않는다. 오히려 그때를 대비한다. 전쟁을 벌일 만반의 준비를 한다.

바울은 "주 안에서와 그 힘의 능력으로 강건하여지고 마귀의 간계를 능히 대적하기 위하여 하나님의 전신 갑주를 입으라"(엡 6:10-11)라고 썼다. '계획 혹은 책략'(scheme)에 해당하는 영어 단어는 '본받다'(스키마, schema)라는 단어의 어근에서 나왔다. 하나님이 사탄의 간계에 완벽하게 준비되어 계신다는 것을 알고 있는가? 하나님은 사탄의 계획을 모두 예측하고 계신다. 이런 간계들은 많은 부분 교회 지도자가 받는 스트레스로 그 실체가 드러난다. 어떤 경우는 교회 리더십에 대해 성도들이 받는 스트레스로 드러나기도 한다.

응원이 필요한 목회자

매일 목회자나 사역 리더와 대화할 기회가 많은 나는 그들이 이 지구상에서 가장 힘든 일 중 하나를 감당하고 있다고 증언할 수 있다. 2015년에 라이프웨이 리서치(Lifeway Research)가 사역자 1,500명을 대상으로 실시한 '목회

중단 현황 조사'에서 목회자들이 씨름하고 있는 가장 일반적인 고민이 무엇인지 드러났다.

— 84퍼센트가 하루 24시간 대기 상태에 있다고 대답했다.
— 80퍼센트가 교회의 갈등이 일어나리라 예상했다.
— 54퍼센트가 목회자에 대한 기대가 과중하다고 대답했다.
— 53퍼센트가 가정의 재정 상태에 대해 자주 불안함을 느꼈다.
— 48퍼센트가 사역에서 자신이 감당 가능한 수준을 넘어선 요구를 받는다고 자주 느꼈다.
— 21퍼센트가 교회가 그들에 대해 비현실적 기대를 하고 있다고 대답했다.[4]

이 연구 결과는 사역의 최전방에서 섬기고 있는 이들을 응원하고 격려해줄 지지자가 필요하다는 사실을 알려준다. 경주는 아직 끝나지 않았다. 목회자는 곁에서 함께하며 응원해줄 사람들을 찾아야 한다.

"이제는 하던 일을 성취할지니 마음에 원하던 것과 같

이 완성하되 있는 대로 하라"(고후 8:11).

집중력을 회복하여 새롭게 돼라

정신이 건강한 사역자는 악한 생각을 멀리하는 것 이상으로 노력해야 한다. 의도적으로 경건한 생각을 해야 한다. 바울은 이렇게 말했다.

"무엇에든지 참되며 무엇에든지 경건하며 무엇에든지 옳으며 무엇에든지 정결하며 무엇에든지 사랑받을 만하며 무엇에든지 칭찬받을 만하며 무슨 덕이 있든지 무슨 기림이 있든지 이것들을 생각하라"(빌 4:8).

도나 실(Donna Seal)은 자격증을 가진 전문 상담가로 만성 우울증으로 고통당하는 나를 자신의 담임목사이자 환자로 대해야 하는 곤란한 일을 감당해야 했다. 도나는 세미나와 상담을 통해 나를 비롯한 수많은 사람이 하나님을 예배하는 진실하고 낙관적이며 유익한 생각에 집중하도록 도와주었다.

진리에 집중하라

우리 생각은 진실하지 않을 때가 많다. 거짓된 생각이 의식을 잠식할 때마다 우리는 진실한 하나님의 말씀으로 거짓을 몰아내야 한다.

성경의 진리를 꾸준히 읽고 묵상함으로 우리는 온 마음을 다해 하나님을 사랑할 수 있다. 성경의 진리를 업로드하면 우리의 생각을 무의식적으로 잠식한 비진리를 삭제할 수 있다. 다시 말해, 거짓 진리를 몰아낼 수 있다.

"모든 이론을 무너뜨리며 하나님 아는 것을 대적하여 높아진 것을 다 무너뜨리고 모든 생각을 사로잡아 그리스도에게 복종하게 하니"(고후 10:4하-5).

우리는 대적의 거짓말에 넘어가지 않도록 완강하게 맞서야 한다. 그러지 않으면 우리 문화의 비도덕적이고 자기중심적이며 비성경적 사고에 완전히 포획되고 말 것이다.

목회자를 비롯하여 많은 사람이 자신에게 자주 하는 거짓말은 다음과 같다.

— 나는 실패자다.
— 나는 중요한 존재가 아니다.
— 하나님은 절대 나를 용서하실 수 없다.
— 나는 다른 사람들만큼 중요하지 않다.
— 이 죄는 사실 그렇게 나쁜 것이 아니다.

우리는 아무 노력을 하지 않아도 자신과 하나님과 사람들에 대한 거짓말을 믿을 수 있다. 그런 거짓말은 사고방식으로 자리 잡아 믿음이 되고, 결국 삶이 된다. 인간은 믿는 대로 살아가는 존재다. 따라서 건강하고 생산적인 그리스도인은 의식적으로 진리를 믿고 거짓말을 배격해야 한다.

이런 거짓된 생각을 너무 자주 즐기면, 결국 그것이 진리처럼 '느껴지기' 때문에 거짓말을 자각하기가 어려워진다. 그러나 우리 감정이 진리의 적절한 지표가 되는 경우는 거의 없다.

어떤 것이 진리인지 확인하기 위해서는 두 가지를 질문해야 한다.

① 하나님 말씀과 일치하는가?
② 그것이 하나님 말씀의 진리라고 제삼자에게 말할

수 있는가?

진리는 항상 성경과 일치한다.

정신적으로 건강하기란 매우 어려운 일처럼 보일 수 있다. 그러나 건강한 정신을 유지하는 일은 이해하기에 어렵지도 복잡하지도 않다. 경험상 경건한 마음으로 성경을 한 장 이상 읽고, 자신의 생각과 기도를 일기로 적는 것은 매우 유익하다. 실제로 이 책에서 언급한 아이디어들은 나의 개인 일기에서 나온 것이다.

자유란 단지 우리를 속박하는 거짓말의 이면일 뿐이다. 자유를 누릴 때는 그리스도의 선한 사역에 온전히 지배받고, 그분의 세상으로 파송받아 사명을 감당할 수 있다. 바울은 그것을 이렇게 표현한다. "그리스도께서 우리를 자유롭게 하려고 자유를 주셨으니 그러므로 굳건하게 서서 다시는 종의 멍에를 메지 말라"(갈 5:1). 이 구절을 읽으면 자신의 죄에 염증을 느끼거나 자신이 건강하지 않은 것에 질린 회복 탄력성이 높은 사역자가 떠오른다.

자신을 무력한 희생자나 노예가 아닌 하나님의 승리한 자녀로 바라보기를 기도한다. 매일 수많은 생각이 우리 머릿속을 스쳐 지나간다. 그 생각이 모두 다 진실은 아니다. 그러므로 거짓된 생각을 분별할 능력을 달라고 기도해야 한다.

로마 교회의 일부 신자는 "하나님의 진리를 거짓 것으로 바꾸"었다(롬 1:25). 바울이 이런 말을 한 배경에는 로마 교인의 성적 도덕성이 있었다. 문화적 혼란을 극복하도록 다른 사람들을 이끌고자 한다면 진리로 명확히 사고할 수 있어야 한다. 진리에 대한 생각이 불확실하다면, 다른 이들을 동일한 혼란으로 밀어넣을 것이다. 목회자는 개인 생활에서 성결함을 적극적으로 추구해야 한다. 주변 목회자 중 성적 부도덕으로 자격을 상실한 동료가 있을 것이다. 음란물과 간음은 지속적인 성취감을 절대 줄 수 없는 거짓된 환상이다. 방심한 채로 주님께 정결함을 지키며 그분과 동행할 수 있는 사람은 아무도 없다. 우리가 진리에 온전히 초점을 맞추어야 하는 이유가 이 때문이다.

희망의 메시지에 집중하라

희망을 잃지 않는 사고(hopeful thinking)와 희망적 사고(wishful thinking)는 다르다. 희망을 잃지 않는 사고는 사실을 근거로 하지만, 그렇게 사고하기란 쉽지 않다. 예를 들어, "나는 잘 지내지 못하고 있어(힘겨운 진실). 하지만 하나님의 도움으로 잘 해낼 수 있어(희망을 담은 진실)"라고 말할 수 있다. 어떤 생각들은 옳지만 받아들이기가 쉽지 않다. 특별히 상처가 될 경우 더욱 그렇다.

라이프웨이 리서치가 기독교 가정 사역 단체 포커스 온 더 패밀리(Focus on the Family)의 의뢰로 실시한 정신 질환 연구에서 목회자는 대부분(66퍼센트) 교인들과 정신 건강에 관해 대화하기를 꺼리는 것으로 나타났다. 반면 교인들(65퍼센트)과 정신 질환을 앓는 사람들(59퍼센트)은 교회가 그 문제를 공개적으로 다루기를 원했다.5)

목회자는 종종 교회와 지역 사회의 정신 건강 문제에 가장 먼저 대응하는 사람이다. 교회가 정신 건강에 문제가 있는 사람들과 가정을 기꺼이 환대한다는 사실을 성도들이 확고히 믿을 수 있도록 해야 한다. 교회처럼 온 마음으로 예수님을 사랑하도록 돕기에 적절한 곳이 또 있겠는가? 우리는 더 이상 교인들의 정신 건강 문제를 세속 기관에 위탁할 필요가 없다. 우리는 회복을 준비하시고 치유하시는 예수님의 손이기 때문이다.

이 책을 읽고 있는 사람은 대부분 목회자나 선교사이거나 다른 리더일 것이다. 당신은 때로 상황이 엉망인 곳에서 묵묵히 눈에 보이지 않게 하나님을 섬기고 있을 것이다. 엉망인 상황을 호전시킬 때, 우리는 사람들이 현재 상태에서 벗어나 그들에게 필요한 상황으로 이끄는 동시에 그들이 과도하게 낙심하지 않도록 신중해야 한다.

희망을 품는 사람들을 겨냥하는 것이 아니라, 그들과 함께 목표를 겨냥해야 한다.

하나님은 절대 소망이 없는 상태로 우리를 방치하지 않으신다. 건강하고 성경적인 생각은 항상 소망을 포함한다. 때로 인생에 어두운 밤이 찾아오기에 희망적이고 성경적으로 사고하는 것은 참된 것이지만, 그러기 어려울 때가 많다. 예를 들어, 질병, 재정적 어려움이나 관계의 어려움, 자연 재해, 경제 상황, 죽음은 모두 힘겨운 문제다. 이런 문제들은 누구의 인생에나 찾아온다. 이런 어려운 현실을 회피하려고 한다면 실제 눈앞에 있는 문제들을 부정하게 된다. 상처가 되거나 어렵다고 해도 진실을 마주하는 것이 중요하다. 그러나 어렵다는 생각만 하면, 절망에서 헤어나오지 못할 수도 있다.

목회자에게도 개인 생활에 적용되는 희망의 메시지가 필요한 이유가 여기에 있다. 누구나 힘든 시간과 암울한 시기를 맞닥뜨릴 것이다. 그때 우리 의식이 제대로 고난을 헤쳐나가기 위해서는, 어려운 일을 솔직하게 인정하면서 '하지만'이라는 말을 덧붙여야 한다. 그래야 어려운 일에 생각이 매몰되지 않고 낙관적인 전망을 품을 수 있다.

사례:

"막 암 진단을 받았어. 너무 두려워. 하지만 의사의 도움을 받아 현명하게 대처할 수 있을 거야. 그리고 하나님의 능력을 온전히 신뢰할 거야."

"아내가 사망했습니다. 비통함을 이기기가 힘듭니다. 하지만 저를 사랑하고 지지해주는 가족과 교회가 있습니다."

"교회에 분쟁이 있습니다. 하지만 성령님이 교인들이 회개하고 하나 됨을 회복하도록 이끌어주실 것을 믿고 담대하게 이 상황을 감당할 자신이 있습니다."

희망적인 사고를 한다고 해서 상황이 자동으로 해결되지는 않는다. 하지만 희망적인 생각은 하나님이 우리 인생을 통치하시고 인도하신다는 진리를 붙들도록 이끌어

준다. 부정적인 자기 연민에 빠지지 않도록 보호해준다.

고등학교에서 믿음을 고백하고 암송한 첫 절이 바로 요한복음 16장 33절이었다. "이것을 너희에게 이르는 것은 너희로 내 안에서 평안을 누리게 하려 함이라 세상에서는 너희가 환난을 당하나 담대하라 내가 세상을 이기었노라." 이 소망의 말씀은 지금까지 수차례 내게 구명조끼가 되어주었다. 예수님과 함께 우리는 현실적인 동시에 희망에 찬 생각을 할 수 있다.

도움이 되는 것에 집중하라

참되고 희망을 잃지 않는 방향으로 생각하는 습관을 훈련하는 데서 한 걸음 나아가 우리의 생각이 유익한지 질문해보아야 한다. 유익한 방향으로 생각하라는 말이 현실을 부정하고 상황이 좋은 것처럼 자신을 속이거나 인생의 어려움을 인정하지 말라는 뜻은 아니다. 참되고 선한 방향으로 생각할 수 있음을 인정하라는 의미다. 의도적으로 사고를 훈련하지 않으면 부정적인 것만 생각하고 집중하기 쉽다.

전문 상담가이자 친구인 도나는 자신의 딸 에밀리와 관련해 유익한 생각에 대해 아주 적합한 사례를 나누어주었다.

에밀리가 아기를 임신했을 때, 여러 가지 임신 부작용에 시달리며 침상에서 안정을 취해야 했다. 그것은 생각만 해도 두려운 일이었고, 에밀리는 이 상황을 잘 해결해나가는 것이 쉽지 않을 것을 알았다. 예정일보다 한 달 일찍 태어난 아기는 생명 유지 장치의 도움을 받아야 했다. 그 시기에는 쉽게 풀리는 일이 하나도 없었다. 에밀리는 그동안 경험해온 참되고 선한 일들을 기억하게 해줄 물건들을 집안 곳곳에 두었다. 화장실, 부엌, 세탁실 등 곳곳에서 그 물건들을 볼 수 있었다. 이런 식으로 에밀리는 어렵고 힘든 상황에서도 그 시간이 그렇게 힘든 것만은 아니라는 낙관적 시각을 잃지 않을 수 있었다. 감사하는 마음으로 곰곰이 생각하고 되새길 일이 수없이 많았다.

모세는 부모들에게 첫 대계명(쉐마)의 글귀를 집안 곳곳에 달아두라고 지시했다. 온 가족이 그것을 보며 집안의 참된 지도자가 주님이시라는 것을 기억하고 그분을 사랑하게 하기 위해서다. 모세는 또한 "네 집 문설주와 바깥 문에 기록할지니라"(신 6:9)라고 명령했다.

심지어 성문(일터)에도 위대한 통치자가 누구신지 알리는 데 도움이 될 표지로 이 명령을 새겨두어야 했다.

이것이 바로 의도적으로 사고하는 행위이자 자녀 양육이며 리더십이다. 목회자로서 우리는 하나님의 권위 있는 말씀이 우리 일상생활의 기준이 되도록 여러 장치를 마련해두어야 한다.

우리 의식이 어둠 속에서 표류할 때 냉담함이 우리의 가장 큰 적이라고 확신한다. 아무 분별 없이 살아간다면 세상의 우상과 사상이 우리 의식에 자연스럽게 자리 잡을 것이다. 단순히 행복한 일을 생각한다고 하나님께 우리 의식이 집중되리라고 생각해서는 안 된다. 우리는 영적 전쟁 중이다. 우리에게는 어둠에 맞서 싸우기 위해 필요한 모든 도구가 있으니 그것을 적극 활용하라.

온 마음을 다해 하나님을 사랑한다는 것은 단순히 대중 심리학의 차원이 아니라 확고한 성경 신학에 바탕을 둔 것이다. 바울은 "육신의 생각은 사망이요 영의 생각은 생명과 평안이니라"(롬 8:6)라고 말했다. 우리는 하나님의 일에 우리의 생각을 적극적으로 집중해야 한다. 그분이 지금까지 우리 안에서나 우리 주위에서 행하고 계신 일은 우리가 묵상할 수 있는 가장 유익한 자료가 된다.

포기하지 말라!

우리 의식은 전쟁터와 같다. 자아와 자기만족에 뿌

리를 내린 육신적 욕망이라는 지뢰가 마음속 도처에 널려 있다. 세상과 우리의 대적은 자신이 위대하다고 주장하고, 우리는 무가치한 존재라고 비난하며 우리를 공격한다. 마음을 집중해야 하는 이유가 이 때문이다. 폴 트립(Paul D. Tripp)은 이렇게 말했다. "우리 인생에 가장 지대한 영향을 미치는 이는 바로 우리 자신이다. 우리는 그 누구보다도 우리 자신과 가장 많이 대화하기 때문이다."6)

성령님이 도와주지 않으시면 우리는 온 마음을 다해 주님을 사랑할 수 없다. 지금 당장 시간을 내서 하나님께 생각을 복종시키라. 예수님이 우리 마음을 새롭게 해주시기를, 그래서 하나님이 우리 안에 시작하신 일을 마무리하게 해달라고 기도하라.

> "인내로써 우리 앞에 당한 경주를 하며 믿음의 주요 또 온전하게 하시는 이인 예수를 바라보자 그는 그 앞에 있는 기쁨을 위하여 십자가를 참으사 부끄러움을 개의치 아니하시더니 하나님 보좌 우편에 앉으셨느니라 너희가 피곤하여 낙심하지 않기 위하여 죄인들이 이같이 자기에게 거역한 일을 참으신 이를 생각하라"(히 12:1하-3).

우울증이라는 안개 속에서 사역하고 있다고 생각한다면, 자가 진단이나 자가 치료의 유혹을 물리쳐야 한다. 반드시 담당의나 정신 건강 전문가에게 도움을 구하라. 추천하고 싶은 곳은 포커스 온 더 패밀리에서 운영하는 남침례교 목회자 기도 전화로, 무료로 상담받을 수 있으며 비밀이 보장된다.

정신적 회복 탄력성은 결승선에 겨우겨우 도달하는 것을 뜻하지 않는다. 결승선까지 전력을 다해 질주하는 것이다. 자신을 돌보는 것은 자기중심적인 것이 아니라 전략을 세워 이루어나가야 할 일이다. 그러므로 우리는 정신 건강을 지키기 위해 온 힘을 다해야 한다.

6장
힘을 다하여

나는 미국 전역과 해외를 다니며 목회자와 선교사와 신학생을 섬기는 일에서 큰 보람을 느낀다. 비행기로 이동할 때 미국 교통 안전청(TSA) 요원이 무작위로 짐을 검사하는 상황을 만나기도 한다.

이런 과정이 귀찮고 다소 당혹스럽기도 하지만, 대의를 위한 일이라고 받아들인다. 게다가 교통 안전청 요원은 내 짐이 왜 온통 뒤섞여 있는지를 정중히 설명한 안내장을 꼭 남긴다. 지금까지도 나는 근무 중인 안전청 요원들을 무작위로 적발해서 되갚아주고 싶은 유혹과 싸우고 있다.

이번 장은 내가 당신의 사적인 짐을 모두 다 뒤질 것 같은 인상을 줄 수 있다. 하지만 나는 조사관이 아니라 격려자다. 그러므로 이번 장의 내용은 모두 육신의 건강에 관해 누군가에게 굴욕을 주기 위해서가 아니라 돕기 위해 쓰였음을 기억하라.

대계명 중 우리가 좋아하거나 가장 편안하다고 느끼는 부분만 골라서 지킬 수는 없다. 온 힘을 다해 하나님을 사랑하려면 육신적 건강의 민감한 영역까지도 동원해야 한다. 온 마음과 목숨과 뜻을 다해 하나님을 사랑하고자 노력한다면 모든 힘을 동원해 그분을 사랑하고 싶다는 결론이 자연스럽게 도출된다.

그렇다면 우리가 영적 건강이나 정신적 건강에 비해 육신적 건강에 대해 말하는 것이 훨씬 더 어려운 이유는 무엇인가? 아마 우리 동기가 항상 명확하지 않기 때문일 것이다. 외모를 돋보이게 하고 스스로 만족감을 느끼기 위해 몸을 돌보는가? 아니면 하나님께 영광을 돌리기 위해 몸을 돌보는가? 이런 동기들은 서로 배타적인가? 육신의 건강은 단순히 육신의 아름다움만을 위한 것은 아니다. 그러므로 운동을 통해 몸매를 가꾸라는 식의 강요는 하지 않을 것이다.

우리 몸이라는 성전을 돌봐야 할 수많은 훌륭한 이유가 있다. 하지만 여기서는 개인적으로 중요하다고 생각하는 다섯 가지를 소개할 것이다.

주님을 사랑함

"그러므로 형제들아 내가 하나님의 모든 자비하심으로 너희를 권하노니 너희 몸을 하나님이 기뻐하시는 거룩한 산 제물로 드리라 이는 너희가 드릴 영적 예배니라"(롬 12:1).

1956년 1월 8일 에콰도르 선교사인 짐 엘리엇(Jim Elliot)은 산 제물로 드려졌다. 그가 복음을 전하고자 애썼던 아마존 아우카 인디언들이 그의 선교 동역자들뿐 아니라 그의 목숨까지 빼앗았다. 나를 온전하게 드린다는 것은 마음과 영과 정신뿐 아니라 우리 몸까지 드리는 것을 뜻한다. 짐 엘리엇은 하나님의 자비에 감격하여 예배를 드렸고, 말 그대로 선교의 제단에 자기 목숨을 바쳤다.

짐 엘리엇이 자신의 인생을 통해 들려준 증언 중 하나는 희생하는 아름다움이었다. 엘리엇은 일기에 유명한 글귀를 남겼다. "영원한 것을 얻기 위해 영원하지 않은 것을 버리는 사람은 어리석은 자가 아니다."[1]

나는 온 힘으로 하나님을 사랑하기 위한 출발점이 우리 몸을 엘리엇처럼 예배의 제단에 드리는 것이라고 믿는다. 우리가 드리는 산 제사와 우리를 구원하시려고 몸을 드리신 예수님의 희생 제사를 혼동해서는 안 된다. 우리는 구원받기 위해서가 아니라 성결해지기 위해 매일 제사를 드리는 것이다.

사도 바울은 신학적인 논증을 마무리한 뒤 로마서 12장에서 독자들을 실제적이고 개인적인 적용으로 이끈다. 제단에 우리 몸을 드린다는 것은 우리 자신을 온전히 주님께 내어드린다는 의미다. 또한 어떤 면에서는 실제로 우리 몸을 내어드린다는 뜻이기도 하다. 내어드림은 날마다 육신을 비롯해 모든 자아를 하나님께 드리는 행위다.

바울은 육신이 하나님과 맺은 언약적 관계의 일부에 포함된다는 사실을 고린도 교회에 가르쳐주었다. 그는 이렇게 말했다.

> "너희 몸은 너희가 하나님께로부터 받은 바 너희 가운데 계신 성령의 전인 줄을 알지 못하느냐 너희는 너희 자신의 것이 아니라 값으로 산 것이 되었으니 그런즉 너희 몸으로 하나님께 영광을 돌리라"(고전 6:19-20).

온 힘을 다해 하나님을 사랑하는 목회자는 매일 예배의 제단에 서야 한다.

아내를 사랑함

결혼 생활은 육신의 건강을 지켜야 하는 또 다른 이유다. 35년 전 결혼식에서 내가 "서약합니다"라고 주례에 답했을 때, 나는 아내에게 내 마음과 뜻과 정신과 몸을 다 주기로 맹세한 것이다. 나는 아내에게 이 네 가지를 모두 주기로 약속했다.

내 몸의 배타적 권리를 예수님과 아내에게 양도했기 때문에, 그 둘은 내가 매일 내 육신을 잘 돌봐야 하는 이유가 된다. 먼 훗날 내가 한 서약을 마무리하는 날에는 내 육신이 건강하지도 아름답지도 않을 것이다. 그래도 상관없다. 우리 몸이라는 성전은 원래 이 땅에서만 잠시 사용하는 용도이기 때문이다. 나의 유효 기간에 대해 아내에게 장담하지는 않았지만, 유효 기간을 앞당겨서 아내를 속이지는 않을 것이다. 내가 말년에 병이 들어 아내에게 의지해야 하는 순간이 올 수도 있다. 나는 아내가 아플 때나 건강할 때나 여전히 나를 사랑할 것이라 믿는다. 하지만 내 몸의 건강을 소홀히 해서 후일에 아내나 자식들에게 짐이 되고 싶은 마음은 추호도 없다.

바울은 다음과 같이 권면하여 우리 몸의 언약적 측면을 강조한다.

"남편은 그 아내에 대한 의무를 다하고 아내도 그 남편에게 그렇게 할지라 아내는 자기 몸을 주장하지 못하고 오직 그 남편이 하며 남편도 그와 같이 자기 몸을 주장하지 못하고 오직 그 아내가 하나니"(고전 7:3-4).

고린도전서 7장은 성적 순결을 강조하는 맥락에서 쓰였다. 내가 예수님이나 아내를 속이고 지낼 수 있는 방법은 없다고 확신한다. 결혼 서약이나 예수님과 맺은 언약, 이 두 언약은 영적 간음과 배우자를 저버린 간음에 큰 대가가 따른다고 말하는 성경에서뿐만 아니라, 내 인생이라는 책에서도 결코 취소할 수 없다.

척 노리스(Chuck Norris)의 농담이 유쾌하고 재미있는 이유는 정통 무술인으로서 다져온 실력과 더불어 강인한 배우이자 스턴트맨으로 쌓아올린 명성 덕분이다. 그는 나보다 25살이나 더 많고 키는 나보다 8센티미터 더 작지만, 그에게 도전할 마음은 추호도 없다. 척 노리스는 자신의 책 『온갖 역경에 맞서』(*Against All Odds*)에서 이렇게 썼다. "사람들은 종종 '어떻게 그렇게 멋진 몸매를 유지할 수 있어요?'라고 묻는다. 진실을 말하자면 나 역시 다른 사람들과 마찬가지로 무던히 노력해야 한다. 매일 일어나서 몸을 단련한다. 그리고 아내와 나는 매일 성경을 읽고 기도하며 영적으로도 운동하는 시간을 보낸다."[2]

체력을 유지하는 신기한 비결이나 지름길은 없다. 나는 배우자와 함께 운동하는 것이 건강한 삶과 건강한 결혼 생활을 유지할 수 있는 비결이라고 자신 있게 말할 수 있다. 아내를 사랑하기 때문에 나는 하나님이 주신 몸을 잘 관리하기 위해 할 수 있는 최선을 다한다.

자녀를 사랑함

나의 장인어른은 은퇴한 목사시다. 장인어른은 92세가 되셨지만, 여전히 사륜 구동차를 몰고, 낚시를 즐기며, 활 사냥을 하고, 장모님과 전국으로 여행을 다니신다. 지난 몇 달간 장인은 커다란 전동 기구로 우리 집을 보수하는 아내를 도와주기도 하셨다. 이 글을 쓰고 있는 지금 장인어른 내외는 다른 딸이 살고 있는 뉴멕시코의 남부 로키산맥 야영지에서 여름을 보내고 계시다.

장인어른은 유종의 미를 잘 거두고 있는 목회자다. 장인어른과 장모님은 자기 관리를 꾸준히 해온 사역 마라토너다. 그 덕분에 우리는 그 혜택을 누리고 있다. 지금껏 재정을 지혜롭게 관리해온 두 분은 노후를 궁핍하지 않게 충분히 누리며 여유롭게 살고 계시다. 나는 이 두 분의 삶의 비결을 충실히 기록하며 배웠다. 그러니 당신도 마땅히 좋은 본보기를 따라야 한다.

인생을 잘 마무리한 또 다른 유익한 사례로 갈렙을 소개하고 싶다. 이 85세의 전사는 가나안 땅에 입성하기까지 무려 45년을 기다렸지만, 여전히 강건했고 인생과 소명에 대한 열정이 건재했다. 약속의 땅을 정찰했던 다른 사람들보다 오래 살아남았고, 40여 년이 지난 후 가나안을 정복하기 위한 진격 작전까지 이끈 노장이었다(수 14장).

처음부터 끝까지 갈렙은 자신은 물론이고 다른 사람들을 훌륭하게 인도했다.

인생을 잘 마무리하기 위해 오늘도 준비하고 있는가? 하나님이 섬기도록 부르신 삶이 다하는 날까지 사역을 온전히 감당하며 살아가자.

사역을 위한 힘

사역을 하려면 에너지가 많이 필요하다. 누군가가 나에게 기도 제목이 무엇이냐고 물으면, 나는 대부분 체력을 주시도록 기도해달라고 요청한다. 나는 지금 임시 목사로 섬기면서 목회자들을 섬기는 전임 사역을 맡고 있다. 개인적으로 쉴 수 있는 시간이 거의 없는 편이다. 내 슈빌과 털사에서 이 일을 감당해왔는데, 사역은 아주 신나지만 동시에 체력이 많이 필요한 일이었다. 나는 이런 경험 때문에 여러 소명을 동시에 감당하는 목회자들을 더 존경하게 되었다.

목회 사역에 싫증이 난 적은 없었지만, 때로 사역 때문에 피곤한 것은 사실이다. 그 피곤함의 원인을 알아내기가 항상 쉽지는 않다. 전문가들은 우리의 영적이고 정신적이며 정서적 건강과 육신의 건강을 분리할 수 없다고 말한다. 예를 들어, 육체적으로 고갈될 때 부정적인 생각을 떨쳐버릴 수가 없는 경험을 해보았을 것이다.

일반적으로 안정적이고 원기 왕성한 지도자는 그렇지 않은 지도자보다 더 의욕이 넘치고 유쾌하며 집중력이 뛰어나다. 지친 지도자는 의욕이 없고, 집중력이 떨어지며, 일을 맡기기가 미덥지 못하고, 짜증이 많다. 건강을 위해 적극적으로 노력하지 않는 사람 중에는 자신의 망가진 몸을 농담처럼 언급하는 이도 있다.

임시로 에너지를 보충하는 것은 스트레스에 시달리는 한 주를 전력으로 통과하거나 억지로 견디는 데는 도움이 된다. 나는 보통 설탕과 카페인을 섭취해 에너지를

끌어올리곤 한다. 이런 임시방편이 주식이 되면 체력이 쉽게 방전된다.

"내가 내 몸을 쳐 복종하게 함은 내가 남에게 전파한 후에 자신이 도리어 버림을 당할까 두려워함이로다…너희도 상을 받도록 이와 같이 달음질하라"(고전 9:27, 24).

지도자로서 우리는 하나님께 받은 은사와 사역을 잘 관리할 책임이 있다. 로마서 12장은 우리 몸을 산 제물로 바치라고 이야기할 뿐 아니라, 주님과 교회를 우리의 영적 은사로 섬기라고 말한다. 우리는 은혜로 구원받았고, 그 은혜로 사역을 감당하며 섬긴다(벧전 4:10).

자신을 사랑함

대계명에서 가장 간과하는 부분은 아마 우리 몸과 같이 이웃을 사랑하라는 명령일 것이다. 자신을 사랑하라는 말에 목회자들이 본능적으로 거부감을 갖는 것도 이해가 된다. 세상의 성공 전도사들이 하는 조언과 비슷하기 때문이다. 그러나 우리의 위대한 의사께서 이 위대한 명령을 인용하시기에 우리는 이 명령을 귀담아들어야 한다.

건강을 위해서 서구적 미의 기준에 맞추어 살라는 말이 아니다. 패션 모델과 운동 선수는 BMI 지수(체질량 지수)에 따르면 정상도, 건강한 것도 아니다. 우리 문화는 외모의 아름다움에 집착한다. 이런 세태는 사람들을 교만과 불안정이라는 위험한 길로 이끌기 쉽다. 몸이라는 성전이 예배의 수단이 아닌 예배의 대상으로 바뀌어 외모가 우리의 우상이 되어버렸다. 가장 중요한 목표가 "우리 몸으로 하나님께 영광을 돌리는"것임을 기억하라(고전 6:20).

신체 건강에 대한 반응의 양극단에는 각각 허영심과 냉담함이 자리 잡고 있다. 허영심과 냉담함 중에 왜 하나를 선택해야 하는가? 우리는 둘 다 거부해야 한다!

우리는 "육체의 연단은 약간의 유익이 있으나 경건은 범사에 유익하니"(딤전 4:8)라는 말을 들으며 자랐다. 400년 전 영국인들이 바로 이런 식으로 이야기했다. 하지만 이 말은 21세기 영어로 표현하면 완전히 핵심을 놓치게 된다. 이 구절에서 헬라어로 '훈련하다'(train)°라는

○ 개역개정에는 "연단"으로 번역됨.-역자 주

동사의 현재 시제는 디모데에게 그리고 우리에게 영적 훈련뿐 아니라 육신적 훈련 역시 일생 추구해야 하는 것임을 나타낸다.

이것을 또 다르게 표현하면 육체적 훈련은 유익하지만, 경건을 위한 훈련이 훨씬 유익하다고 말할 수 있다. '훈련'(헬라어로 gymnatize)은 또한 '연단'(discipline)이라고도 번역할 수 있다. 운동은 허영심을 버리는 것 외에도 여러 유익이 있다. 의욕이 생기고, 식탐이 줄어들며, 우울증이 호전되고, 기억력을 개선해준다.

자신을 사랑하는 한 가지 방법은 육신의 건강을 돌보는 것이다. 우리 몸을 만들어주신 분은 하나님이시므로 일생 그분의 뜻에 합당하게 사용해야 한다.

체력 고갈에 가장 큰 영향을 미치는 세 요소

성욕, 음식, 일은 모두 하나님이 주신 아름다운 선물이다. 하지만 동시에 기독교 지도자들이 싸우는 가장 일반적인 악덕이기도 하다. 목회자도 이런 유혹에서 예외는 아니다. 오히려 목회자의 증언이 하나님나라에 미치는 공적 영향력 때문에, 이 영역에서 실패할 때 더 혹독

한 비판을 받는다(약 3:1).

요한은 목회자의 대표적인 세 가지 약점을 지적한다.

> "이 세상이나 세상에 있는 것들을 사랑하지 말라 누구든지 세상을 사랑하면 아버지의 사랑이 그 안에 있지 아니하니 이는 세상에 있는 모든 것이 육신의 정욕과 안목의 정욕과 이생의 자랑이니 다 아버지께로부터 온 것이 아니요 세상으로부터 온 것이라 이 세상도, 그 정욕도 지나가되 오직 하나님의 뜻을 행하는 자는 영원히 거하느니라"(요일 2:15-17).

온 힘을 다해 하나님을 진심으로 사랑한다면 육신의 정욕과 안목의 정욕과 이생의 자랑으로 하나님과 이웃을 섬기는 데 필요한 힘이 고갈되지 않도록 주의해야 한다. 우리의 힘을 고갈시키는 이 세 가지 요인을 살펴보도록 하자.

육신의 정욕

육신의 정욕은 현대에 널리 퍼져 있는 수많은 장애와 중독을 포함한다. 기독교 리더에게 음식과 각종 약품은 확실한 효능 때문에 종종 심각한 부작용을 일으킬 수 있다. 아무리 좋은 것도 지나치면 독이 된다.

처방약은 어떻게 이용하느냐에 따라 도움이 될 수도 있고 해로울 수도 있다. 목회자도 여느 교인과 마찬가지로 중독에 취약하다. 몇 주 전 한 목사는 "나는 매일 밤 잠에 들기 위해 보드카 반 잔을 마십니다"라고 말했다. 목회자도 몸이라는 성전을 얼마든지 망가뜨릴 수 있다.

육신의 정욕이란 몸이 원하는 것에 대해 우상 숭배에 가까울 정도로 반응하며, 몸이 원하면 전혀 자제력을 보이지 못하는 것을 가리킨다. 정욕은 '욕망'을 의미한다. 욕망이라는 단어 자체는 중립적이다. 하나님의 선물(음식, 성욕 등)은 오용하면 악덕이 된다. 성욕은 정상적인 욕구지만, 원칙 없이 자제하지 않고 남용하면 위험한 부도덕으로 이어진다.

식욕은 정상적이고 당연한 것이다. 하지만 이런 식욕을 마치 신처럼 맹종해서는 안 된다. 바울은 세속적인 사람들을 "그들의 신은 배요 그 영광은 그들의 부끄러움에 있고 땅의 일을 생각하는 자라"(빌 3:19)라고 신랄하게 비판했다. 지도자는 하나님보다 자신의 몸을 더 사랑하고 싶은 유혹에 맞서야 한다.

미국 질병통제예방센터(CDC)는 성인의 68퍼센트가 과체중이거나 비만이라는 결과를 발표했다.[3] 미국 국립 보건원(National Institute of Health)은 남성의 경우 허리 둘레가 40인치(약 100센티미터) 이상, 여성의 경우 35인치(약 90센티미터) 이상인 경우를 과체중이라고 정의한다.[4] 신체에 허영심을 갖는 문제 이상으로 신체의 건강 문제는 오랫동안 리더의 자리에서 일하는 데 방해가 될 수 있다. 온 힘을 다해 하나님을 사랑하는 것은, 인생을 마무리하는 일과 지금 있는 자리에서 제자도의 모범을 보이는 일에 결정적인 영향을 미친다.

사람들은 대부분 운동으로 체중을 줄이려고 노력한다. 하지만 식단을 바꾸지 않기 때문에 실패하는 경우가 부지기수다. 아무리 운동 계획을 잘 세워도 식습관을 훈련하지 않으면 아무 소용이 없다. 우리 주변에 가득한 레스토랑과 식료품점은 체중 감량에 전혀 도움이 되지 않는다. 우리는 음식을 먹기 전에 세심하게 재료의 성분을 파악하고 칼로리를 계산해야 한다.

아내와 나는 시중에 유행하는 다이어트나 훈련 프로그램에 별로 관심이 없다. 대신 나는 일주일에 두 번은 유산소 운동을 하고, 두 번은 근력 운동을 하는 계획을 세웠다. 때로 일주일에 네 번이나 운동을 할 시간이 없을 때는 유산소와 근력 운동을 한꺼번에 한다. 미국 보건 당국은 성인의 경우 걷기처럼 적당한 신체 활동을 일주

일에 2시간 30분 이상 하고, 근력 운동을 2일 이상 하라고 추천한다.5)

만성 질환이나 사고 혹은 다른 신체적 어려움으로 운동하기가 쉽지 않은 사람도 있을 것이다. 그들에게는 내가 세운 운동 계획이 매우 어렵게 느껴질 수도 있다. 나의 식습관과 운동 계획뿐 아니라 건강에 관한 목표는 신체와 나이와 기질에 맞게 세운 것이다. 그러므로 당신도 자신의 상황에 맞추어 목표를 설정하기를 바란다. 운동 계획을 세우기 전에 의사와 상의하라. 이때 대계명에 대한 무관심과 싸운다는 사명감을 가지고 이 문제에 접근하라.

<u>안목의 정욕</u>

2019년 2월 21일 리지크레스트 콘퍼런스 센터(Ridgecrest Conference Center)에서 노스캐롤라이나주의 목회자들을 대상으로 말씀을 전하던 중이었다. 뒤쪽에 앉아 있던 참석자가 어정쩡하게 손을 들고 설교를 잠시 멈춰달라는 신호를 보냈다. 빌리 그레이엄 목사님이 99세의 나이로 노스캐롤라이나 몬트리트의 자택에서 사망했다는 급보가 전해졌기 때문이었다. 이 경험은 여러 가지 이유로 비현실적이었다. 그는 불과 6킬로미터도 떨어지지 않은 곳

에서 숨을 거두었다. 그 모임에 참석한 목회자들처럼 그 역시 노스캐롤라이나에서 활동하던 목회자였다. 그리고 마침 내가 전하던 설교의 제목이 '인생의 마무리가 중요하다'였다. 언젠가 천국에서 빌리 그레이엄을 만나면 리지크레스트의 설교를 그의 소천 소식으로 마무리하게 해준 것과, 그의 신실함을 설교의 예화로 사용할 수 있게 해준 것에 감사의 말을 전하고 싶다.

전 세계를 다니며 복음 전도자로 활동하던 빌리 그레이엄은 데이비드 프로스트(David Frost)와 인터뷰한 자리에서 자신이 가장 두려워하는 것이 무엇인지 털어놓았다. "세상을 떠나기 전에 그리스도의 복음에 누가 될 일을 하거나 그런 말을 할까 봐 너무 두렵습니다. 하나님께 누가 될 일을 하거나 그런 말을 하기 전에 주님이 저를 데려가셨으면 좋겠습니다."[6]

목회자와 리더는 서로의 성결함을 위해 기도하고, 성결함을 잘 지키도록 계획을 세워야 한다. 우리는 용기를 내서 주일뿐 아니라 주중에 매일 정면으로 맞닥뜨리는 어려움을 다른 이에게 털어놓아야 한다. 즉, 우리의 삶이 어떤지 기꺼이 고백하고, 정욕과 벌이는 싸움에서 승리하도록 서로 도와주어야 한다.

바울은 로마서에서 이렇게 말했다.

"우리가 알거니와 우리의 옛 사람이 예수와 함께 십자가에 못 박힌 것은 죄의 몸이 죽어 다시는 우리가 죄에게 종 노릇 하지 아니하려 함이니…그러므로 너희는 죄가 너희 죽을 몸을 지배하지 못하게 하여 몸의 사욕에 순종하지 말고 또한 너희 지체를 불의의 무기로 죄에게 내주지 말고 오직 너희 자신을 죽은 자 가운데서 다시 살아난 자 같이 하나님께 드리며 너희 지체를 의의 무기로 하나님께 드리라"(롬 6:6, 12-13).

그리스도인은 보이지 않는 영적 전쟁에서 어느 편에 설지 선택해야 한다. 예수님이 부활하심으로 우리의 영원한 승리가 이미 보장되어 있지만, 죄와 사탄을 상대로 벌이는 전쟁은 지금 우리 육신에서 매일 일어나고 있다.

성적인 유혹과 싸우고 있다면 낙심하지 말라. 지금 그 상태에 그대로 머물러 있을 필요도 없고, 홀로 그 싸움을 할 필요도 없다. 배우자 외에 도덕적으로 성결하도록 도와줄 사람을 찾아보라. "죄가 너희를 주장하지 못하리니"(롬 6:14). 우리는 절대 패배하지 않는다.

이생의 자랑

온 힘으로 하나님을 사랑한다는 것은 교회에 여러 함

의를 준다. 목회자들은 종종 사역에 과도한 열심을 낼 수 있다. 이는 좋은 일이다. 나는 정체성이 우리의 소명과 본질적으로 연관되도록 하나님이 설계하셨다고 믿는다. 일에 건강한 관심을 갖는 것은 마땅하지만, 야심에 중독되면 우상 숭배에 빠질 수 있다.

목회자도 다른 사람들이 가진 것을 시기할 수 있다. 사업가가 쌓아올린 부를 부러워할 수도 있고, 다른 목회자가 누리는 교회 성장이라는 성공을 부러워할 수도 있다. 우리의 '성공'은 손으로 만지고 수치로 매길 수 있는 것으로 측정되지 않는다. 우리는 하나님과 이웃을 향한 사랑으로 충만한 삶을 살아야 한다.

많은 사역 지도자는 성공의 피할 수 없는 대가가 과도한 스트레스라고 생각한다. 회사나 사역에서 최고가 되려는 야심이 있는 사람들은 일주일 내내 24시간 대기하는 상태에 있는 것을 일종의 생존 전략으로 선택하는 것 같다. 야심에 불타는 사역자들은 모든 전화와 문자와 이메일과 소셜 미디어에 즉각 반응해야 한다고 생각한다. 그러나 24시간 대기 상태로 살아가다 보면 결국 육체적, 정서적, 정신적, 영적으로 지치고 말 것이다.

성공의 대가가 그 성공의 의미를 상쇄하는 경험을 한 사람들도 있다. 그래서 그들은 일의 함정에 절대 빠지지 않으려고 애쓴다. 물론 사역의 스트레스가 모두 유해하다고 말해서는 안 된다. 스트레스가 마감 시한을 지키거나 사랑하는 이를 보호하려는 동기로 작용한다면 유익할 수 있다. 그러나 스트레스가 만성적으로 우리 안에 자리 잡으면 고혈압, 심장병, 비만, 당뇨, 우울증, 심장마비, 불면증, 그 외 수많은 건강 문제가 발생할 수 있다. 현재 미국 근로자의 평균 휴가 기간은 2000년에 비해 일주일이 줄었으며, 근로자의 55퍼센트는 직장에서 제공하는 휴가를 다 사용하지 않는다.[7] 스트레스에 지친 목회자들은 보통 불면증에 시달린다. 스트레스는 불면증의 가장 일반적인 원인으로 꼽힌다.[8]

지금까지 논의한 내용이 단순히 시간 관리에 관한 격려 차원으로 끝나지 않기를 바란다. 이번 장은 인생을 어떻게 관리해야 하는지에 관리에 대한 이야기이기도 하다.

결단하라

삶을 회복하고 싶다면 아래의 중요한 질문에 답해보라.

― 사역이 자신을 더 돋보이게 하는가? 아니면 하나

님이 영광을 받으시는가?
— 이후에 인생의 경주를 잘 마무리하도록 오늘 기꺼이 변화를 시도하겠는가?

우리 몸으로 하나님께 영광을 돌리기 위해 이번 달에 할 수 있는 한 가지 일을 생각해보라. 목표한 일에 대해 당신을 사랑하는 사람과 대화를 나누거나, 삶에서 같은 목표를 두고 함께 노력하며 격려할 수 있는 사람과 이야기해보라.

7장
평가와 적용

 이제 평가에 집중한 이 책의 전반부를 마무리하고 구체적인 적용으로 들어가보자.
 하나님이 가장 원하시는 것은 온 마음과 목숨과 뜻을 다하고 힘을 다해 하나님을 사랑하는 것이므로 여기서 조금이라도 미달하면 당연히 실망하실 것이다. 사실 '실망하신다'는 말로는 진실이 정확히 전달되지 않는다. 하나님은 자신의 사랑에 미지근하게 반응할 때 질색하는 분이다. 1세기 교회가 하나님에 대해 미적지근한 사랑을 드러냈을 때 예수님은 "네가 이같이 미지근하여 뜨겁지도 아니하고 차지도 아니하니 내 입에서 너를 토하여 버리리라"(계 3:16)라고 말씀하셨다.
 우리가 하나님을 얼마나 사랑하는지가 그분에게 너무나 중요한 일임이 분명하다!

하나님이 관계에 대해 기대하시는 바는 오늘날 우리에게도 동일하게 요구된다.

예수님은 우리 인생과 교회 생활에 첫째가 되기를 원하실 뿐 아니라 그것을 당연한 의무로 요구하신다.

라오디게아 교회를 향한 이 유명한 경고와 질책은 뜨거운 언약적 사랑이 그 바탕에 있다는 사실을 이해해야 한다. 상대방에게 사랑을 강요하는 것은 보통 역효과를 불러일으킨다. 하지만 이 특정한 교회를 향한 예수님의 책망은 회개와 회복의 부르심이었다.

라오디게아 교인들에게 보낸 편지는 다음과 같은 권면으로 마무리된다.

"무릇 내가 사랑하는 자를 책망하여 징계하노니 그러므로 네가 열심을 내라 회개하라 볼지어다 내가 문 밖에 서서 두드리노니 누구든지 내 음성을 듣고 문을 열면 내가 그에게로 들어가 그와 더불어 먹고 그는 나와 더불어 먹으리라"(계 3:19-20).

예수님이 그들을 입에서 토해내시는 장면과 그들과 함께 정찬을 즐기시는 장면의 극적인 대비가 보이는가? 이런 대비는 우리의 영적 건강을 정확하게 평가하는 것이 얼마나 중요한지 일깨워준다.

라오디게아 교인들은 아시아에서 가장 부유한 도시 중 한 곳에서 살고 있었지만, 자신들의 영적 빈곤은 물론이고 영적인 성장에 대해 조금도 대수롭지 않게 생각했다. 하나님은 그들을 이렇게 묘사하셨다. "네가 말하기를 나는 부자라 부요하여 부족한 것이 없다 하나 네 곤고한 것과 가련한 것과 가난한 것과 눈 먼 것과 벌거벗은 것을 알지 못하는도다"(계 3:17).

우리는 이 시점에서 자기 평가, 특히 목회자의 자기 평가는 종종 호도될 위험이 있다는 사실을 기억해야 한다. 때로 우리는 비현실적인 낙관주의자가 된다. 전문가들은 이것을 '후광 효과'(halo effect)라고 부른다.[1] 이것을 우리가 의도한 것은 아니다. 하지만 그렇다고 물 잔의 물을 절반밖에 없다고 보는 비관론이 항상 정확하거나 유익한 것은 아니다. 다른 사역 지도자들은 대개 그들 자신의 마음과 가정과 교회 회중의 실체에 부닥칠 때 비관론에 시달린다.

만일 당신이 자신의 영적 성장에 대해 진지한 관심이 있다면 도움을 구하는 당신에게 좋은 인상을 받았거나 당신이 목회자라고 위축되지 않는 사람에게 도와달라고 부탁해보라. 모든 목회자는 목양을 받아야 한다. 그렇다면 오늘 당신의 영혼을 돌봐주고 있는 사람은 누구인가? 당신의 문제를 솔직하게 지적하지만, 상처를 입힐 마음이 전혀 없는 사람이 당신에게 있다면 그런 사람을 주신 하나님께 감사드리라!

30일간의 도전

앞으로 30일 동안 몇 가지 실제적 변화를 시도해보기 바란다. 주님을 사랑하는 마음이 지속적으로 성장하는 데 도움이 될 것이다. 쉐마는 전심을 다해 하나님을 사랑하라는 초대장이다. 대계명의 네 가지 측면은 각기 30일 동안 실제적인 결단을 내릴 기회가 될 것이다.

온 마음을 다해 예수님을 사랑할 것이다

요한계시록 3장에서 예수님이 두드리시는 것은 불신자의 마음이 아니다. 예수님은 라오디게아 교회를 회개와 회복으로 부르고 계셨다. 교회가 부흥하기를 원하는 지도자는 온 마음을 다해 회개하는 것부터 시작해야 한다. 교회의 부흥은 우리 마음속 이 깊은 자리에서 시작되어야 한다.

"너는 마음을 다하고 뜻을 다하고 힘을 다하여 네 하나님 여호와를 사랑하라 오늘 내가 네게 명하는 이 말씀을 너는 마음에 새기고"(신 6:5-6).

하나님이 우리 인생의 주인이시자 사랑해야 할 분으로서 당연한 역할을 다시 회복하시도록 아래 구절들을 기도로 올려드리라. 그런 다음 30일 동안 결단하는 바를 적어보라.

"내가 주의 진리에 행하오리니 일심으로 주의 이름을 경외하게 하소서 주 나의 하나님이여 내가 전심으로 주를 찬송하고 영원토록 주의 이름에 영광을 돌리오리니"(시 86:11하-12).

"내가 나의 법을 그들의 속에 두며 그들의 마음에 기록하여 나는 그들의 하나님이 되고 그들은 내 백성이 될 것이라"(렘 31:33하).

"그 날 후에 내가 이스라엘 집과 맺을 언약은 이것이니 내 법을 그들의 생각에 두고 그들의 마음에 이것을 기록하리라 나는 그들에게 하나님이 되고 그들은 내게 백성이 되리라"(히 8:10).

예레미야는 "우리가 스스로 우리의 행위들을 조사하고 여호와께로 돌아가자"(애 3:40)라고 말했다. 쉐마는 우리가 우리 마음을 비롯해 우리의 전부를 걸고 하나님을 사랑하는지 묻고 있다. "가장 중요한 계명"은 우리 인생에서 가장 중요한 질문을 하도록 요구한다. "나는 온 마음을 다해 예수님을 사랑하고 있는가?"

- 앞으로 30일 동안 나는 매일 예수님과 만나며 전심을 다해 그분을 사랑할 것이다(구체적인 시간과 장소를 적으라).

<u>목숨을 다해 예수님을 사랑할 것이다</u>

당신의 내면 상태는 재정비가 필요하지 않은가? 내 마음은 온전히 구속된 내 인생의 영원한 일부지만, 내 영혼(삶)은 끊임없이 회복되고 갱신되며 새로워져야 한다.

다윗의 시편은 그가 겪은 영혼의 슬픔이 드러나는 탄식시가 대부분이지만, 그는 또한 잔잔한 물가와 푸른 초장에서 자신의 영혼을 회복해주실 하나님을 신뢰했다(시 23:3). 우리 영혼을 회복시키는 '푸른 초장'은 어디이며, 그곳을 마지막으로 방문한 때는 언제인가?

내 영혼은 참나무 숲 위로 날아오른다. 나는 바로 옆에 활을 걸어놓은 채 사슴의 서식을 위해 조성한 목초지를 내려다본다. 나는 이 책의 대부분을 테네시, 아칸소, 캔자스에 있는 사냥용 오두막에서 집필했다. 아내는 등에 배낭을 지고 등산을 하며 영혼의 새로운 힘을 얻는다. 당신은 마음으로 늘 바랐지만, 그동안 계속 미루어 온 일은 없는가?

바로 오늘 나는 한 후배 목회자에게서 이런 메일을 받았다. "저는 지난 몇 주 휴가를 보내는 동안 아무 전화도 받지 않았습니다. 간만에 저를 위해 너무나 잘한 일을 한 것 같아요." 많은 목회자가 한사코 받아들이려 하지 않는 사실이 있다. 그것은 당신이 휴가 중이라도 교회는 망하지 않는다는 사실이다.

마리아의 영혼은 기쁨과 슬픔을 동시에 경험했다. 수태했다는 소식을 듣고 처음에는 기쁨으로 가득 차 이렇게 고백했다. "내 영혼이 주를 찬양하며"(눅 1:46). 하지만 아들이 죽임을 당하고 그 일로 "또 칼이 네 마음을 찌르듯 하리니"(눅 2:35)라는 예언을 듣자 기쁨이 슬픔으로 바

꿰었다. 슬픔으로 영혼이 고통스러워한다고 죄를 짓는 것은 아니다. 그것은 인간이라는 증거다.

예수님은 도움을 구하는 모든 영혼에게 안식을 주겠다고 약속하셨다. "수고하고 무거운 짐 진 자들아 다 내게로 오라 내가 너희를 쉬게 하리라 나는 마음이 온유하고 겸손하니 나의 멍에를 메고 내게 배우라 그리하면 너희 마음이 쉼을 얻으리니"(마 11:28-29). 마음의 상태를 주님께나 친구에게 털어놓은 때가 마지막으로 언제인가?

- 앞으로 30일 동안 예수님이 내 영혼을 회복해주시고 새롭게 해주시도록 도움을 받을 사람을 적어보라.

> 이번 달에 _____(이)나 _____(이)에게 재충전하기 위한 도움을 받을 것이다.

뜻을 다해 예수님을 사랑할 것이다

끊임없이 부정적 생각이 떠나지 않는다면 목회자나 의사나 심리 치료사와 상담하는 방안을 고민해보아야 한다. 지도자가 도움을 구하려면 그에 못지않은 믿음과 겸손함이 필요하다. 소크라테스가 이 사실을 잘 표현했다.

"성찰하지 않는 삶은 살 가치가 없다."

무엇으로 마음을 살찌울지 점검하는 일은 아무리 시간을 써도 아깝지 않다. 아무 쓸모없는 내용이 대부분인 미디어에 무차별적으로 노출될 때 주님을 온 마음으로 사랑하기가 쉽지 않다. 우리의 처음 사랑을 외면하도록 유혹하는 수많은 이미지와 메시지에서 우리 마음을 지키려면 어떻게 해야 하는가? 바로 "마음을 새롭게 함으로 변화를 받아야" 한다(롬 12:2).

이번 주에 참되고 유익하며 소망을 주는 것이 무엇인지 확인하고 마음을 살피는 시간을 가지라. 미디어나 소셜 미디어 금식을 하고 독서 목록에 고전을 추가하며 새로 생긴 시간을 알차게 보내라.

- 앞으로 30일 동안 예수님께 마음을 새롭게 해주시도록 기도할 것이다. 한 달 동안 추가하거나 버려야 할 것이 무엇인지 구체적으로 적어보라.

힘을 다해 예수님을 사랑할 것이다

우리 몸은 성령이 거하시는 성전이기 때문에(고전 6:19-20) 우리 몸을 돌보고 관리하는 것 역시 우리의 마땅한 소임이다. 우리 몸을 영적 제물로 드리는 것은 사랑으로 예배하는 인격적 행위에 해당한다(롬 12:1). 그러므로 잠시 우리 몸의 청지기직에 대해 묵상하는 시간을 가지라.

목회자로서 우리는 우리의 행동 패턴을 살펴보고, 그 패턴이 우리의 영적 우선순위와 일치하는지 점검할 필요가 있다. 우리는 음식, 술, 약물, 성욕의 유혹을 받는다. 사역이 지치고 에너지가 고갈되기 쉬운 일이라는 것은 모두 알고 있다. 그렇다면 우리 몸이 이런 올무에 빠지지 않도록 하기 위해서 우리가 할 수 있는 일은 무엇인가?

- 앞으로 30일 동안 나는 내 몸으로 하나님을 영화롭게 할 것이다. 건강을 지키기 위한 구체적이고 현실적인 목표를 적어보라.

나의 목표

30일간의 도전에 적응하도록 돕기 위해 내가 올해(달이 아님) 세운 네 가지 대계명 목표를 소개하고자 한다.

① 영적 건강에 관한 목표(마음): 3개년 성경 읽기 계획표에 따라 성경을 읽는다. 최소한 일주일에 한 번 일기를 쓴다. 에베소서 3장 17-21절을 암송한다.
② 정서적 건강에 관한 목표(목숨): 매일 아내와 대화하며 교감하는 시간을 갖고, 최소한 한 달에 두 번 외출해서 데이트를 즐긴다. 매주 자녀들이나 어머니(전화로든 대면으로든)와 소통한다. 친구들과 한 달에 한 번은 야외로 나간다.
③ 정신적 건강에 관한 목표(뜻): 한 달에 책 두 권을 읽는다. 그 중 한 권은 고전을 택한다. 멘토나 나를 체크해주는 책임 파트너와 한 달에 두 번 대화하는 시간을 갖는다. 분기별로 소셜 미디어 금식 기간을 갖는다.
④ 신체적 건강에 관한 목표(힘): 일주일에 두 번의 유산소 운동과 두 번의 근력 운동을 하며, 각기 최소 30분 이상 지속한다. 적절하게 체중을 관리한다.

8장
나의 이웃은 누구인가?

두 번째 단원까지 이 책을 읽어왔다는 사실은 당신이 시작한 일을 끝까지 마무리하는 사람이라는 뜻이다. 또한 잘 알겠지만, 본질적으로 서로 연결된 대계명과 대사명을 당신이 진지하게 받아들인다는 뜻이다.

지금까지 하나님을 사랑하라는 첫 대계명을 집중적으로 다루었다. 이 두 번째 단원은 이웃을 사랑하라는 두 번째 대계명을 집중적으로 살펴볼 것이다.

"둘째는 이것이니 네 이웃을 네 자신과 같이 사랑하라 하신 것이라"(막 12:31).

궁금한 서기관이 가장 중요한 계명이 무엇이냐고 예수님께 물었지만, 예수님은 완전히 다른 이 두 번째 계명을 추가하심으로 서기관이 묻지 않은 질문에 대답해주신다는 사실이 흥미롭다. 예수님은 서기관이 찾고 있던 대계명이라는 동전의 뒷면을 보여주고 계셨다.

이 두 계명은 원래 예수님이 이 명령을 하나로 통합하시기 1,500년 전 모세가 별개의 계명으로 소개한 것이었다. 하나님을 사랑하라는 첫 명령은 원래 신명기 6장에 소개되어 있다. 이 명령을 주신 때는 모세가 히브리인들에 대한 리더십을 여호수아에게 이양할 준비를 하고 있을 때였다.

이웃을 사랑하라는 두 번째 계명 역시 모세가 소개했지만, 토라의 다른 부분, 즉 레위기 19장에 소개되어 있다. 학자들이 아는 한 예수님 이전에 레위기 19장 18절과 신명기 6장 5절을 하나로 통합한 랍비나 스승은 아무도 없었다. 이것은 전체 성경을 한마디로 요약한 훌륭한 계명이며, 모든 성경 구절은 이 명령을 기반으로 한다. 예수님은 회사의 슬로건에 사용될 법한 정도의 두 가지 진술로 성경을 압축해 요약하셨다.

"하나님을 사랑하라…이웃을 사랑하라."

이 말씀의 핵심은 이것이다. 하나님이 먼저 우리를 사

랑하셨고, 다음으로 우리 이웃뿐 아니라 그분을 사랑할 능력을 우리에게 주셨다는 것이다. 하나님을 사랑하지 않는다면 이웃을 사랑할 수 있는 능력은 우리의 인간성 때문에 제한될 수밖에 없다.

 대계명의 사랑은 성경의 모든 낱장을 그 원저자와 연결해주는 아교 역할을 한다.

 대계명을 원래 의도하신 순서와 다르게 배치해서는 절대 안 된다. 두 명령 모두 중요하지만, 그 중요성의 정도가 동일하지는 않다. 어떤 성경은 이 구절을 잘못 번역하여 "두 번째 [명령] 역시 동일하게 중요하다"(막 12:31, NLT)라고 번역한다. 두 번째 명령은 매우 중요하다. 하지만 첫 번째 명령을 배제한 이웃 사랑은 인본주의에 불과할 뿐이다.

 이 두 최상위 명령은 예수님을 따른 1세기 사도들과 제자들의 황금률이 되었다(마 22:37-38, 막 12:30, 눅 10:27, 요 13:34-35, 롬 13:8-10, 갈 5:14, 약 2:8-11, 요일 4:19-20). 이 명령은 전체 성경을 한마디로 요약했을 뿐 아니라 사도 바울에 따르면 성경의 성취이기도 하다. 로마 교회에 보낸 편지에서 바울은 이렇게 말했다.

 "간음하지 말라, 살인하지 말라, 도둑질하지 말라, 탐

내지 말라 한 것과 그 외에 다른 계명이 있을지라도 네 이웃을 네 자신과 같이 사랑하라 하신 그 말씀 가운데 다 들었느니라 사랑은 이웃에게 악을 행하지 아니하나니 그러므로 사랑은 율법의 완성이니라"(롬 13:9-10).

나는 성향상 이론가이기보다 실천가에 가깝다. 당신은 이 말에 동의한다고 고개를 끄덕이는 것으로 끝내지 말고 이 책을 내려놓고 실행하는 사람이 되기를 기대한다. 우리 아버지를 향한 사랑이 넘쳐흘러 이웃을 진정으로 사랑하고 싶은 마음의 열정이 일어나기를 기도한다.

선한 사마리아인

'이웃'이 누구인지 잘 모르겠다면 비단 당신만 그런 것은 아니다. 대계명에 관한 대화를 소개하는 누가복음의 기록을 보면 그 명석한 서기관도 자기 이웃이 누구인지 잘 몰랐다. 예수님께 "내 이웃이 누구니이까?"(눅 10:29)라고 묻자 예수님은 성경에서 가장 유명한 이야기 중 하나인 선한 사마리아인의 비유로 이 질문에 대한 답을 갈음해주셨다.

이 익숙한 이야기는 두 번째 대계명에 대한 예수님의 주석에 해당하므로 새로운 시각과 열린 마음으로 이 구절을 음미하며 읽기를 바란다.

"예수께서 대답하여 이르시되 어떤 사람이 예루살렘에서 여리고로 내려가다가 강도를 만나매 강도들이 그 옷을 벗기고 때려 거의 죽은 것을 버리고 갔더라 마침 한 제사장이 그 길로 내려가다가 그를 보고 피하여 지나가고 또 이와 같이 한 레위인도 그 곳에 이르러 그를 보고 피하여 지나가되 어떤 사마리아 사람은 여행하는 중 거기 이르러 그를 보고 불쌍히 여겨 가까이 가서 기름과 포도주를 그 상처에 붓고 싸매고 자기 짐승에 태워 주막으로 데리고 가서 돌보아 주니라 그 이튿날 그가 주막 주인에게 데나리온 둘을 내어 주며 이르되 이 사람을 돌보아 주라 비용이 더 들면 내가 돌아올 때에 갚으리라 하였으니 네 생각에는 이 세 사람 중에 누가 강도 만난 자의 이웃이 되겠느냐 이르되 자비를 베푼 자니이다 예수께서 이르시되 가서 너도 이와 같이 하라 하시니라"(눅 10:30-37).

예수님은 이웃에 대한 서구적 개념을 확장하셔서 우

리가 걸어다니는 지역 이내에 사는 사람에 국한하지 않으시고 그 경계를 넘어서는 사람들까지 이웃에 포함하셨다. 도움이 필요한 사람이면 누구나 이웃이라고 가르치셨다. 도움이 가장 절박한 이웃 중 일부는 길 건너편에 살고 있지만, 더 많은 이웃이 지구 곳곳에 살고 있다.

선한 사마리아인은 이타적이고 인본주의적 섬김을 나타내는 비공식적 상징이 되었다. '선한 사마리아인 상'은 보통 모범적인 자원봉사자, 후히 베푼 기부자, 영웅적 행동으로 귀감이 된 시민에게 수여된다. 심지어 도움이 필요한 다른 사람들을 돕는 사람들을 법적 책임에서 보호해주는 '선한 사마리아인 법'도 있다.

텍사스주 타일러의 그린 에이커스 침례 교회라는 나의 고향 교회는 선한 사마리아인 아웃리치 센터를 후원한다. 센터의 정신에 걸맞는 적절한 이름인 것 같다. 그리스도의 비유에 등장하는 선한 사마리아인이라는 이 허구의 인물은 거의 슈퍼히어로와 같은 명성을 날리게 되었다.

그리스도를 따르는 사람들에게 선한 사마리아인 이야기는 이타적 삶을 위해 노력하라는 권고 이상의 의미를 지닌다. 이 비유가 예시한 대계명은 대사명에 담긴 선교적 선언문의 토대가 된다. 예수님의 이 단순한 비유는 이웃에 대한 우리의 전통적인 인식을 타파하며 또한 이웃의 안녕에 대해 우리가 지는 책임의 개념도 완전히 바꾸어놓았다.

불가촉천민

1세기 유대인들에게 '선한 사마리아인'이라는 개념은 허무맹랑한 것이었다. 그들에게 이런 표현은 형용모순이었다. 마치 점보 새우, 실종 발견, 귀가 먹먹할 정도의 침묵이라고 말하는 셈이었다.

사마리아는 이스라엘의 중앙에 있었고, 문화적 다원주의가 횡행하던 지역이었다. 보수적인 히브리인(유대인)은 사마리아인이 민족적으로나 종교적으로나 순수성을 상실한 혼혈인이라고 생각했다. 그들은 유대인(히브리인: 순수 이스라엘 사람)과 아시리아인(이라크 민족)의 혼혈족이었다. 예루살렘의 종교 기득권층은 사마리아인들의 신분과 혈통을 경멸하고 천시했다. 5세기 전 에스라와 느헤미야의 대적인 산발랏이 바로 악명 높을 정도로 혐오스러운 사마리아인이었다.

오늘날로 치면 변호사이자 신학자에 해당하는 지적

호기심이 많은 서기관은 시민법과 종교법 분야의 전문가였다. 당시 문화에서 이 두 법은 분리할 수 없는 법이었다. 사역으로 섬기는 대부분의 목회자처럼 그는 예수님의 비유에서 제사장과 레위인에 해당했다. 그들은 모두 동일한 엘리트 히브리인 사회 계층에서 다른 위치를 차지하고 있었다. 그들은 또한 사마리아인들에 대해 동일한 증오심을 품고 있었다.

선한 사마리아인 비유의 배경은 여리고 도상으로, 이 길은 가파르고 위험한 곳으로 악명이 높았다. 예루살렘에서 여리고까지 약 27킬로미터를 내려가야 하는데, 그 길은 매복하기에 매우 적합한 지형이었다. 이런 점 때문에 선한 사마리아인 비유는 더욱 흥미진진하고 신빙성 있게 들렸을 것이다.

순수 이스라엘 혈통이 아닌 혼혈인 이웃에게 한 번도 눈길을 주지 않고 지나쳐 간 제사장과 레위인의 냉담함도 이해할 만하다. 그들은 성전 직무를 교대하기 위해 예루살렘으로 서둘러 가고 있었다. 어려운 이웃을, 특별히 그들이 증오하는 이웃을 돌봐줄 시간은 없었다.

예수님 당대의 유대 지도자들에게 사마리아인은 불가촉천민이었다.

영웅

정식 임명을 받지 않은 랍비인 예수님이 사마리아인을 비유의 주인공이자 영웅으로 소개하자 무리 중 마음이 찔린 사람들은 화가 머리끝까지 났다! 그들은 사마리아인이나 이방인을 이웃으로 보지 않았다. 그들 눈에는 조금도 상종하기 싫은 원수들로만 보였다. 1세기에 이스라엘에 거주했던 사람들은 오늘날 이스라엘에서 그들의 후손이 여전히 그런 것처럼 그들의 이웃과 공존하는 것이 크게 어려웠다.

이 비유가 겨냥하는 주요 대상은 우리와 같은 현대 교회 지도자들일 것이다. 목회자와 평신도 리더 모두 자기 자신을 이 비유가 가리키는 잠재적 '불가촉천민'으로 보아야 한다. 예수님의 통렬한 이야기가 겨냥한 대상은 바로 우리다. 사역의 최전방에서 섬기는 이들은 교회 밖의 구원받지 못한 사람들을 만나기가 쉽지 않다. 그러나 건강하고 헌신적인 목회자는 잃어버린 자들을 사랑하고 교제하는 법을 배울 것이다.

나는 대사명에 순종하지 않으면서 대계명을 실천하는 목회자를 만난 적이 없다. 하지만 대계명에 순종하는 사람은 항상 대사명에 순종한다.

예수님을 사랑한다면 그분이 사랑하시는 사람들을 사랑할 것이다. 이 비유는 모든 사람이 하나님이 사랑하시는 대상이자 하나님의 형상을 지닌 자임을 알리려는 것이다. 정서적이고 실제적인 차원에서 우리 이웃을 사랑하고, 심지어 우리 원수를 사랑하는 법을 이해하도록 도와준다. 사마리아인을 이야기의 영웅으로 설정함으로써 예수님은 이웃을 사랑하는 새로운 길을 보여주셨다.

애끓는 사랑

선한 사마리아인은 이 나그네를 불쌍히 여겼고, 예수님은 누가복음 10장 37절에서 우리도 그와 같이 행하라고 말씀하셨다. "불쌍히 여기다"에 해당하는 헬라어는 탕자의 비유에서 탕자 아들을 향한 아버지의 마음을 묘사할 때 사용한 것과 동일한 단어이다. 이 헬라어는 누군가의 내면에서 휘몰아치는 감정이라는 의미를 담고 있다. 이른바 애끓는 사랑이다.

불쌍히 여기는 연민의 마음은 실제로 행동하도록 몰아가는 내면의 불이다. 다른 사람들의 고통에 마음이 갈 때 우리는 연민의 마음으로 눈물을 흘린다. 다른 사람들의 고통이 내 고통인 듯 느껴진다. 우리 안에 거주하시는 성령님의 인격이 연민의 근원일 때 시간이 흐를수록 연민의 마음은 더욱 강렬해진다.

이웃을 불쌍히 여기며 사랑한다고 해서 저절로 하나님을 사랑하게 되지는 않는다. 타인의 고통에 순수하게 공감하는 이들은 불신자 중에도 적지 않다. 그러나 첫 번째 명령이 요구하듯이 하나님을 절대적으로 사랑한다면 자연스럽게 두 번째 명령인 이웃을 향한 진정한 사랑이 마음에서 흘러나올 것이다.

사도 요한은 우리가 사랑하도록 부름받은 이웃이 때로 우리의 영적 형제자매라는 사실을 일깨워준다. 그는 이렇게 말했다.

"우리가 사랑함은 그가 먼저 우리를 사랑하셨음이라 누구든지 하나님을 사랑하노라 하고 그 형제를 미워하면 이는 거짓말하는 자니 보는 바 그 형제를 사랑하지 아니하는 자는 보지 못하는 바 하나님을 사랑할 수 없느니라 우리가 이 계명을 주께 받았나니 하나님을 사랑하는 자는 또한 그 형제를 사랑할지니라"(요일 4:19-21).

사랑이 있으면 멀리 있는 이웃이든 가까운 이웃이든

사랑하지 않을 수 없다. 우리의 사랑이 온 지구인을 품지 못한다면 하나님의 심장에서 흘러나온 사랑이 아닐 수도 있다. 하나님을 향한 우리의 사랑이 날로 더 자란다는 증거는 가장 미천하고 소외되었으며 잃어버린 바 된 이들을 향한 우리의 사랑도 동일하게 자라는 것이다.

몸으로 보이는 사랑

선한 사마리아인은 강도 만난 이웃에게 응급 처치를 한 후 나귀에 태워 여관까지 데려가 치료를 받게 해주었다. 그 희생자가 사마리아 사람에게 먼저 도움을 요청한 것인가? 아니다. 사마리아 사람에게 그럴 의무가 있었는가? 그것도 아니다. 그러나 예수님은 하나의 모범 사례를 제시하시고, 우리도 가서 그와 같이 하라고 말씀하셨다. 요한은 그것을 이렇게 말한다. "그가 우리를 위하여 목숨을 버리셨으니 우리가 이로써 사랑을 알고 우리도 형제들을 위하여 목숨을 버리는 것이 마땅하니라"(요일 3:16). 진정한 사랑은 행동하는 사랑이다.

우리가 몸담은 교회나 소모임에서 교회나 공동체의 필요를 알게 된다면 그 문제를 해결할 돈만 적선하듯이 주고 끝나서는 안 된다. 비유에 나온 사마리아인처럼 직접 손에 흙을 묻혀야 한다. 제자도 모임이 성경만 공부하고 공동체를 섬기지 않는다면 그 서기관들이나 바리새인들과 무엇이 다르겠는가?

"네 손이 선을 베풀 힘이 있거든 마땅히 받을 자에게 베풀기를 아끼지 말며 네게 있거든 이웃에게 이르기를 갔다가 다시 오라 내일 주겠노라 하지 말며"(잠 3:27-28).

뉴욕 지하철 승강장에서 19세의 학생이 갑자기 발작을 일으켜 지하철이 진입하고 있는 상황에서 선로 위로 추락하고 말았다. 50세의 웨슬리 오트리는 선로 위로 뛰어내려 학생의 몸을 보호하며 "멈추시오! 멈추지 않으면 우리 두 사람 다 죽습니다!"라고 소리쳤다.[1] 진정한 영웅은 고통당하거나 죽어가는 이웃을 옆에서 방관하며 두고 보지 않는다. 몸을 던져 돕는다.

마더 테레사 선교회 소속 회원은 캘커타 선교에 엄청난 부담을 느끼고 "선교회에 찾아오는 이 모든 굶주린 사람을 어떻게 다 먹이려 하십니까?"라고 물었다. 테레사 수녀는 "한 번에 한 입씩 먹이지요"라는 유명한 대답을 남겼다.[2] 다시 한번 요한의 말을 인용하고자 한다.

"자녀들아 우리가 말과 혀로만 사랑하지 말고 행함과 진실함으로 하자"(요일 3:18).

우리의 세 이웃

나는 섬겨야 할 사람들을 세 가지 관계 그룹으로 나누었고, 이것을 이웃이라고 부를 것이다. 각 이웃은 우리와의 근접성과 중요도를 기준으로 소개될 것이다. 우리 인생에 있는 모든 사람은 하나님께 동일하게 중요하지만, 우리는 하나님이 아니기 때문에 모든 사람을 똑같이 중요하게 대할 수는 없다.

우리는 모두 우리의 우선순위가 누구인지 확인하기 위해서 도움이 필요하다. 하나님은 우리의 시간과 관심을 가장 먼저 차지해야 할 이가 누구인지에 대해 침묵하시거나 모호한 입장을 취하지 않으신다. 이 책의 남은 부분을 용기를 내어 끝까지 읽기 바란다. 생각을 집중해 꼼꼼하게 읽으라. 우리 인생의 누군가는 우선순위에서 순위를 낮추거나 높이는 작업이 필요할 수 있다. 그것은 우리의 우선순위를 재조정해야 할 수도 있기 때문이다.

가족이라는 이웃

가족이라는 이웃에는 생물학적 또는 입양으로 형성된 가족과 핵가족이 포함된다. 물론 우리도 당연히 포함된다. 먼저 자기 자신의 삶과 가정을 이끌지 못한다면 교회 지도자는 교회를 이끌 자격이 없다(딤전 3장).

목회자가 아닌 사람이라도 자신의 목회자가 지고 있는 부담감을 이해하고 그의 인생과 목회에 대한 하나님의 비전을 지지할 필요가 있다.

이런 이유 때문에 집사 역시 목회자나 장로와 정확히 동일한 요구를 받는다. 단 가르침만 예외다. 건강한 교회 지도자가 가정과 사역을 건강하게 이끌 수 있다. 그러므로 목회자의 안녕과 회복은 가정에서 시작되어야 한다.

우정을 나누는 친구라는 이웃

우리와 우정을 나누는 이웃에는 중요한 관계들이 포함된다. 여기에는 종종 교인들과 직원들, 사역과 관계없는 친구들도 포함된다.

관계에 대한 하나님의 위계에서는 편애라는 죄를 짓

지 않도록 모든 사람과 친밀하게 지내야 한다는 일종의 압박감이 늘 존재한다. 10장에서 편애보다 더 위험한 상태인 고립에 대해 살펴보기로 하자. 사역에 종사하는 많은 목회자 부부는 고립된 상태에서 인생과 사역을 감당한다. 이 방식은 하나님이 시작하신 것을 잘 마무리하기 원하는 이들에게 건강하지 않고 불필요하다. 그리고 비성경적이며 지속 가능하지도 않다.

전 세계의 이웃

우리의 전 세계 이웃은 가까운 사이든 먼 사이든 교회에 다니지 않는 사람들, 구원받지 못한 사람들, 사랑받지 못하는 사람들이 주요 대상이다. 대계명에 순종하는 목회자는 항상 대사명에 순종할 것이다. 예수님이 사랑하신 사람들, 즉 죄인들을 사랑해야 하기 때문이다. 예수님은 죄인들의 친구이셨으므로 우리도 그분을 따라 **죄인들의 친구**가 되어야 한다.

하나님을 사랑할수록 당연히 이웃을 향한 사랑도 더욱 깊어지게 된다. 우리는 성경의 렌즈로 세상의 관계들을 재점검하고 재구성할 준비를 해야 한다.

대계명에 순종하는 목회자가 이끄는 대사명을 실천하는 교회가 더 많이 필요하다. 당신은 이 부르심에 응답할 준비가 되어 있는가?

9장
가족이라는 이웃

몇 년 전 아들 브래드와 함께 사촌인 페리를 방문한 적이 있다. 그는 캘리포니아 할리우드에서 텔레비전 감독으로 일하며 성공 가도를 달리고 있었다. 페리는 힐튼 호텔에 우리가 묵을 방을 예약해주었고, 발레파킹이 되는 호화로운 레스토랑에서 우리를 대접했다. 유명한 할리우드 극장의 영화 시사회에 데려가주었고, 디즈니랜드 VIP 패스로 우리의 마음을 사로잡았다. VIP 패스의 위력을 경험하면서 사촌이 쓴 돈이 그 값을 한다는 생각이 들었다. 하루 종일 기구를 타거나 쇼를 관람했지만, 한 번도 줄을 서거나 기다릴 필요가 없었다.

아들과 나는 그 일정이 하나하나 모두 즐겁고 기뻤다. VIP 대접 받기를 싫어할 사람이 누가 있겠는가?

그러나 집으로 돌아오자 누구도 우리 차를 주차해주

거나 공짜로 음식을 주지 않았다. 또다시 우리는 줄을 서서 기다려야 했고, 할리우드의 특혜를 누리지 못하는 대다수 사람처럼 우리 방을 직접 청소해야 했다.

누구나 VIP처럼 대우받기를 원한다. 그러나 모두가 VIP라면 그 타이틀이 무슨 의미가 있겠는가?

목회자 가족의 우선순위와 관련해 하나님의 말씀은 너무나 명확하다. 그들이 우리의 VIP라는 것이다(딤전 3장, 딛 1장). 이 장에서는 우리의 사역과 관련해 우리의 가족이라는 이웃에 속하는 관계를 살펴볼 것이다.

당신이 재혼 가정을 이루어 살고 있다면 이 성경의 원리들은 나와 마찬가지로 당신의 이웃에게도 그대로 적용된다. 집과 가족의 성(姓), 재정을 가족이라는 이웃으로서 공유하는 사람이 있는지 생각해보고 예수님이 그러신 것처럼 그들을 사랑하라. VIP를 대하듯이 대하라.

성(城)의 여왕

결혼은 언약적 사랑을 축하하기 위해 고안되었다. 배우자를 일생 사랑하겠다고 선언하는 놀라운 출발점이다. 결혼식은 또한 우선순위의 격상(배우자)과 격하(그 외 모든 사람)를 동시에 명확히 조정하는 기회이기도 하다.

나는 성경이 관계의 우선순위를 단순하고 명확하게 밝혀주는 방식이 정말 좋다. 예수님은 나의 첫 번째 사랑이시고, 아내는 두 번째 사랑이다. 이 신성한 위계질서를 너무 어렵게 생각할 필요가 없다. 자녀와 부모님이 서열상 그다음 자리를 차지하지만, 어느 누구도 가장 중요한 우선순위를 차지할 수는 없을 것이다.

이웃=가장 가까운 사람

아내는 말 그대로 가장 가까운 나의 이웃이다. 나는 아내가 우리 가족과 사역을 비롯해 그 누구와도 경쟁할 필요가 없는 존재라는 것을 아내가 믿도록 노력한다.

아내와 나는 감사하게도 사역자 부부를 격려할 기회를 많이 가졌는데, 지난 8년 동안 사역자 결혼식 주례를 100번 정도 보았다. 주례를 볼 때마다 나는 이렇게 질문했다.

"일터와 가정에서 모두 승리하지 않으면 안 되는 직업이 있다는 말을 들어본 적이 있습니까?"

성경은 사역자가 교회에서는 훌륭한 목회자이지만,

가정에서는 형편없이 살아도 된다고 허락하지 않는다. 하나님은 목회자가 교회와 가정에서 모두 훌륭한 리더가 되기를 요구하신다(딤전 3:4, 딛 1:6). 그래서 나는 목회자가 두 곳에서 모두 성공하도록 돕고 싶다. 집사로 임명받은 부부라면 그들도 이런 요구에 부합하도록 충실하게 살아야 한다. 물론 그들은 목회자에 비하면 공개적인 검증에서는 비교적 자유롭다. 목회자와 장로는 아래의 기대에 부응해야 한다.

> "자기 집을 잘 다스려 자녀들로 모든 공손함으로 복종하게 하는 자라야 할지며(사람이 자기 집을 다스릴 줄 알지 못하면 어찌 하나님의 교회를 돌보리요)…집사들은 한 아내의 남편이 되어 자녀와 자기 집을 잘 다스리는 자일지니"(딤전 3:4-5, 12).

때로 '다스리다'(manage)라는 단어는 리더에게 요구되는 영적 은사의 경우처럼 '인도하다'(lead)로 번역할 수 있다(롬 12:8).

이 짧은 단어 연구의 핵심은 사역을 인도하는 부르심을 받아들였을 때 자신의 가정과 자기 자신을 다스리고 인도할 책임도 함께 받아들였음을 일깨워주는 것이다

(딤전 4:16). 당신의 삶과 가족과 사역의 건강과 회복 탄력성에 대해 당신이 아닌 다른 누군가에게 책임이 있는 듯 구실을 찾으려 해서는 안 된다. 먼저 이 사실을 알고 인정하지 않으면 문제를 해결하지 못할 것이다.

부부 관계가 성장하고 있는가?

슬프게도 이미 관계가 무너진 그리스도인 부부가 너무나 많다. 목회자의 이혼율은 일반인과 다를 바가 없다. 목회자는 가정에서 사랑에 대한 대계명을 먼저 실천해야 한다. 그래야 교회나 지역 사회의 신뢰를 얻을 수 있다. 가정을 제대로 관리하지 못한 부수적 피해는 담임 목회자뿐만 아니라 교회의 리더로 섬기는 모든 사람에게도 미친다.

가족이 가장 가까운 이웃이기 때문에 이웃을 사랑하라는 두 번째 명령으로 가장 먼저 수혜를 입는 사람은 당신의 배우자가 되어야 한다.

그러므로 당신에게 묻고 싶은 심각한 질문이 있다. 실은 묻기조차 두려운 질문이다. 당신의 부부 관계는 더 나아지고 있는가? 이 질문에 대해 그렇다는 확신이 서지 않는다면 적절한 시기에 배우자에게 용기를 내어 물어보라. 그리고 섣불리 반박하지 말고 귀 기울여 들어보라. 그런 다음, 하나님의 위계질서를 가정에서 회복할 수 있도록 우선순위를 재조정할 수 있는 지혜를 달라고 기도하라.

에두르기는 했지만, 사역자들의 배우자를 대상으로 이미 이 질문을 해본 적이 있다. 2017년 라이프웨이 리서치는 목회자의 배우자 720명을 대상으로 설문을 진행했고, 그 결과는 아래와 같다.

- 37퍼센트는 배우자가 교회에 너무나 많은 시간을 투자하기 때문에 자신의 배우자에게서 필요한 관심을 받지 못한다.
- 35퍼센트는 가족이 떠안는 사역의 부담에 대해 종종 화가 난다.
- 44퍼센트는 교인들이 목회자 가족의 필요를 교회의 필요보다 부차적이라고 생각한다고 믿는다.
- 세 명 중 한 명꼴로 교회와 가족 간의 줄다리기가 있다고 느낀다.
- 55퍼센트는 교회와 가족 간의 균형을 유지하기가 어렵다고 생각한다.

— 31퍼센트는 매주 가족만의 시간을 가지려고 계획한다.¹⁾

　너무 낙심하지는 말라. 2015년 라이프웨이 리서치가 목회자를 대상으로 조사한 바에 따르면 목회자 아내의 94퍼센트가 자신들의 결혼 생활에 만족하거나 매우 만족한다고 대답했고, 열 명 중 아홉 명은 남편이 사역으로 섬기는 것이 가족에게 긍정적인 영향을 미친다고 대답했다.
　그렇다고 착각하지도 말라. 동일한 조사에서 남성 목회자는 압도적인 비율로 그들의 아내보다 자신의 결혼 생활을 더 긍정적으로 평가했다.
　나 역시 사역 때문에 내가 불행하지 않도록 노력했고, 오늘도 목회 때문에 힘들어하지 않는다고 자신 있게 말할 수 있었으면 좋겠다. 지난 8년 동안 나는 목회자를 돌보는 목회자로서 전임 사역을 하며 섬겼다. 현재는 미국 남침례회에 소속된 가이드스톤 목회자 복지부에서 사역하고 있다. 매일 사역의 최전선에서 섬기고 있지만, 나의 책임 파트너 외에는 그 누구도 아내와의 관계에 집중하라고 충고해주지 않는다. 책임 파트너가 누구인지는 다음 장에서 소개할 것이다.

누군가를 사랑하고 남은 사랑이 아니라 나의 가장 깊은 사랑을 아내에게 주려면 의도적이고 결단력 있는 태도가 필요하다. 사역자로서 아내와의 관계가 더 단단해지기를 바란다면 자신의 우선순위를 정기적으로 점검해야 한다. 다행히 우리 부부의 관계는 나의 왕이신 분과 내 왕비의 놀라운 은혜 덕분에 한 번도 성장이 멈춘 적이 없다. 그러나 짐작하겠지만, 부부 관계가 더 좋은 때도 있었고, 그렇지 못한 적도 있었다.

우선순위를 낮춰야 하는 관계

어떤 부부는 결혼식이 끝나고 식장 밖으로 나서자마자 어려움을 겪기 시작한다. 신혼부부는 관계의 우선순위에서 두 사람의 관계를 가장 우선하는 올바른 결정을 내리기 때문에 부모와 형제자매가 후순위로 밀리는 일을 겪는다.

아버지보다 어머니가 자녀와의 관계에서 중요한 위치를 차지했었기 때문에 이런 우선순위의 변화를 더 힘들어할 수 있다. 이것은 피할 수 없는 일이며, 성경에 부합하는 건강한 변화다. 하지만 때로 거부감이 생길 수 있고 이것은 신혼부부에게 불필요한 스트레스를 준다.

　서구의 결혼은 이런 위치의 변화를 고려하여 계획되었다고 생각한다. 결혼식은 어머니들에게는 일종의 신병 훈련소처럼 느껴질 것이다. 한번 생각해보라. 신부를 신랑에게 인계해주고 나중에 신부와 춤을 추는 사람은 누구인가? 어머니가 아니다! 신부의 어머니는 아무 말 없이 스포트라이트에서 비켜나 있어야 한다.

　심지어 앞에 나서서 소감을 말하는 이도 아빠다. "아내와 저는 말입니다!"

　목회자들이여, 하나 됨을 축하하는 양초의 불이 꺼질 때 어머니들의 얼굴에 비치는 표정을 잘 살펴보라. 두 어머니는 동시에 일종의 좌천을 경험하기 때문에 십중팔구 얼굴이 굳어져 있을 것이다.

　목회자 역시 때로 자신의 가정과 부부 관계를 보호하기 위해 교인들을 소위 좌천시킬 필요가 있다. 어떤 교인들은 우리 시간의 엄청난 부분과 정서적 에너지의 대부분을 훔쳐갈 수 있다. 그러나 이것은 우리가 묵인할 경우에만 가능한 일이다. 스태프와 평신도 리더들이 긴급한 일이라며 문자로 가족과의 저녁 식사와 아내와의 저녁 데이트를 방해할 것이다. 물론 그들의 의도는 좋은 것이다. 하지만 이 역시 우리가 허용해야 가능하다.

피터 스카지로(Peter Scazzero)는 이렇게 말한다. "결혼 생활을 제대로 영위하고 싶다면 리더십이 아니라 부부 관계를 가장 중요한 포부와 열정의 대상으로 삼아야 한다. 가장 큰 소리로 외치는 복음의 메시지로 삼아야 한다."2)

누구도 당신의 결혼 생활을 망치고 싶은 사람은 없다. 그러므로 사랑하며 인내하는 마음으로 그들을 우선순위에서 뒤로 미루라. 그들이 사람들과의 관계에서 당신을 본받고 싶은 동기가 생기도록 하려면 메시지를 받은 다음 날 그들의 메시지에 응답해주어야 한다. 관계의 우선순위를 조정하는 것은 제자도를 훈련하는 놀라운 기회가 될 수 있다!

우선순위를 높여야 하는 관계

시몬 베드로는 부부 관계에 대해 쓰면서 "남편들아 이와 같이 지식을 따라 너희 아내와 동거하고…이는 너희 기도가 막히지 아니하게 하려 함이라"(벧전 3:7)라고 권면했다. 사역이 부부 관계와 경쟁하는 관계가 되게 하지 말고 결혼 생활을 보완하는 관계가 되도록 해야 한다.

아내와 나는 결혼 생활과 관련해 세 가지를 실천하려고 노력한다. 이 노력은 지난 30년간 우리 부부에게 큰 도움이 되었다.

— 매일 대화를 나눈다.
— 매달 데이트를 한다.
— 분기별로 여행을 간다.

여행의 질과 밀도는 보통 인생의 주기에 많은 영향을 받았다. 아이들이 학교에 입학하기 전일 때 우리는 늘 지쳐 있었고 경비가 빠듯했다. 그렇다고 이런 일로 데이트를 포기하거나 여행을 포기하지는 않았다. 다만, 더 힘들었고 시간이 더 짧았으며 비용을 더 아꼈을 뿐이다.

아내의 친구 중 하나는 6년만에 처음으로 아이들을 두고 남편과 둘만 떠나는 여행을 계획했다. 자녀가 모두 운전할 수 있는 나이가 되었으므로 아이들의 동의를 얻어 오래전에 갔어야 하는 여행을 떠나게 된 것이다.

때로 목회자는 교회 중독자(churchaholics)라서 배우자를 소홀히 할 때가 있다. 반대로 어떤 목회자들의 아내는 자녀 중독(momaholics) 혹은 일중독이라서 남편을 무시하기도 한다. 로비 갤러티(Robby Gallaty) 목사님이 목회자를 상대로 강의하는 내용을 들은 적이 있다.

"목회는 그만두어도 가족은 그대로입니다. 그러나 가족을 잃으면 둘 다 잃게 됩니다."

부부 관계가 친밀하고 풍요롭기를 원한다면 결혼 생활이 더 나아지도록 의도적으로 노력해야 한다. **부부 관계가 건강하지 않으면 절대 사역을 건강하게 감당할 수 없다.** 1년에 한 번 거창한 여행을 간다고 1년 동안 꾸준히 데이트하며 소통하는 노력을 대체할 수는 없다. 깜짝 선물이나 여행 혹은 달라지겠다는 약속의 남발로 부부 관계를 회복하고자 시도하는 사람들이 있다. 자녀를 키워야 할 때 아내와 데이트하는 시간을 갖지 않으면 결국 텅 빈 둥지 못지않게 결혼 생활도 텅 빈 둥지가 되고 말 것이다. 결혼 생활은 배우자와 데이트하며 내밀한 관계를 가꾸든지 아니면 표류하든지 둘 중 하나다.

혹시 내가 남자들을 괴롭히고 잔소리하는 것처럼 보인다면 정확히 본 것이다. 남자들은 가정의 리더가 되도록 하나님의 부르심을 받았다. 가정에 문제가 있다면 그 누구도 아닌 남자에게 더 책임이 있다. 그 사실을 인정하고 부름받은 대로 경건한 남편이자 아버지가 되고자 최선을 다하라. 매주 자신을 위해 설교에서 강조하는 하나님의 은혜를 따로 저축해두어야 함을 꼭 기억하라. 언젠가 필요할 때가 올 것이다.

목회자는 교회를 인도할 때보다 가정을 이끄는 모습을 통해 복음을 더 선명하게 전한다.

100여 년 전 찰스 스펄전은 런던의 패스터 대학 학생들에게 건강한 결혼 생활과 관련해 도전적인 요구를 했다. 그는 이렇게 말했다. "우리는 교구의 모든 남편이 우리와 같은 수준이 되고 싶어할 정도로 좋은 남편이 되어야 합니다. 그리고 우리는 최고의 아버지가 되어야 합니다. 그런데 제가 알기에 어떤 목회자는 이런 모습에서 완전히 동떨어져 있습니다. 가족과 관련해 다른 사람들의 포도원은 지켰지만, 그들 자신의 포도원은 지키지 못했습니다."[3]

건넌방에 있는 이웃

자녀가 가정에 함께 거주하고 있다면 그들은 아내 다음으로 가까운 이웃이다. 자녀는 아내 다음으로 목회자의 인생에서 중요한 우선순위를 차지할 자격이 있다. 핵

가족은 가장 중요한 제자도 그룹이다. 그러므로 원래 대계명 구절이 가리키는 핵심 대상이 핵가족인 것은 당연한 사실이다.

모세가 쉐마를 처음으로 적용한 신명기 6장은 이렇게 말한다. "네 자녀에게 부지런히 가르치며 집에 앉았을 때에든지 길을 갈 때에든지 누워 있을 때에든지 일어날 때에든지 이 말씀을 강론할 것이며 너는 또 그것을 네 손목에 매어 기호를 삼으며 네 미간에 붙여 표로 삼고 또 네 집 문설주와 바깥 문에 기록할지니라"(7-9절).

제자 훈련은 어디서든 할 수 있지만, 항상 가정에서 시작해야 한다.

핸드폰을 멀리하고 맛있는 저녁 식사를 나누는 것은 자녀를 훈련할 수 있는 더없이 좋은 시간이다. 미디어 서핑을 하는 대신 가족과 대화를 나누어야 한다. 미국 소아과학회의 조사에 따르면 어린이는 하루 평균 7시간, 청소년은 8시간 이상 텔레비전이나 휴대폰을 보며 지낸다고 한다.

다음 단계의 자녀 양육은 아이가 어리다면 잠자리에 들기 전 기도와 묵상 시간을, 더 나이가 들면 계획을 세워 대화의 시간을 가져야 한다. 가족을 위해 핸드폰 금식을 실천하면 당신이 사역이나 취미보다 그들을 더 사랑한다는 것을 보여줄 수 있다.

　딸아이가 아주 어렸을 때 나는 아이와 인형 놀이를 하며 아빠 연기를 꽤 잘 해냈다. 한창 인형 놀이를 하던 중 나는 깜박 잠이 들었는데 딸아이는 개의치 않았다. 초등학생이 되자 나는 하루가 다르게 성장하는 아이와 어떻게 해야 잘 소통할 수 있는지 아내에게 지혜를 구했다. 아내는 "아이의 세계에 빠져들어야 해요"라고 조언했다. 딸은 창의성이 뛰어난 아이로 음악과 제빵과 미술에 대한 열정이 남달랐다. 나는 미술에 문외한이었기 때문에 음악(음악회)과 음식(레스토랑)으로 아이와 소통하는 데 집중했다. 작년에 딸아이는 28세, 나는 56세가 되었고, 토비 맥 콘서트를 함께 관람하며 지나간 시간들을 추억할 수 있었다.

　자녀는 부모의 관심을 한눈에 받으며 인생을 시작한다. 시간이 흐르면 우리는 아이가 자신을 중심으로 세상을 보는 태도에서 벗어나도록 도와주어 성인기를 맞이하도록 준비해야 한다. 우리는 가정의 리더로서 사역을 핑계 삼아 아이들을 소홀히 해서는 안 된다.

　미국 하원의원인 폴 라이언(Paul Ryan)은 2015년 하원의장직을 맡아달라는 요청을 받았을 때 전임 의장들처럼 빈번하게 출장을 가지 않는다는 조건으로 수락했다.

그는 "가족과 함께하는 시간은 포기할 수 없고 포기하지도 않을 겁니다"라고 말했다.[4]

3년 후 그는 가족과 더 많은 시간을 보내고 '주말 아빠'가 되지 않기 위해 재선에 출마하지 않기로 결정했다. 라이언은 이렇게 말했다. "한 번 더 의장직을 수행해야 한다면 우리 아이들은 저를 주말 아빠로만 알며 자랄 것입니다. 그런 일이 일어나게 두고 볼 수는 없습니다. 그래서 인생의 우선순위를 새롭게 조정하려 합니다."[5]

나는 폴 라이언이 자녀를 위해 용감하게 미국을 우선순위에서 아래로 내릴 당시 그가 공화당 대통령 후보로 확정되는 것은 기정사실이었다고 생각한다. 그런데도 그는 그런 선택을 한 것이다.

목회자로서 우리는 배우자와 자녀를 어떻게 인도하고 사랑해야 할지 선택해야 한다. 가정에서 제자도의 모범을 보임으로 그 길을 이끌어야 한다.

라이프웨이 리서치가 목회자의 배우자를 상대로 자녀에 관해 질문했을 때 그들은 이렇게 대답했다.

— 배우자 세 명 중 한 명은 자녀가 사역과 관련한 요구에 화를 낸다고 대답했다.
— 네 명 중 한 명은 자녀가 종종 교회를 가고 싶어

하지 않는다고 대답했다.

— 38퍼센트는 목회자 자녀에 대한 교인들의 기대가 비현실적일 정도로 높다고 생각했다.[6]

"당신은 많은 교인에게는 목사이지만, 자녀에게는 유일한 아빠다"라는 말을 들은 적이 있다. 목회자만 유일한 교회 중독자는 아니다. 선교사, 교단 지도자, 집사, 장로, 교사와 사역 팀 리더의 가정에는 사역 고아들과 과부들이 넘쳐난다. 나중에 땅을 치며 후회하지 말고 오늘 가족과 알찬 시간을 보내라. 교회는 당신이 없어도 존재하지만, 당신의 가족은 그렇지 못하기 때문에 해마다 휴가를 미루지 말고 가라.

긍정적인 측면에서 나는 젊은 목회자들과 교회 리더들에게서 확인한 가족 우선주의 경향을 보고 용기를 얻는다. 아마 그들은 전임자들이나 부모들의 실수에서 배웠을 것이다.

이와 관련된 좋은 예는 남아시아 시골에서 선교사로 섬기고 있는 '조와 카렌'이다. 나는 아칸소에 있는 대학 사역지에서 이들을 만났고, 그들의 목회자로 섬기는 특권을 누렸다. 첫아이가 태어난 직후 그들은 어려운 결정에 직면했다. 그들은 아래 편지에서 그 문제를 이렇게 설명한다.

> 지난 1년 반 동안 우리는 '베이타운'을 고향 삼아 살았습니다. 우리는 이 마을에 자리를 잡은 최초의 유일한 외국인이었습니다. 어떤 면에서 그것은 놀랍고 경이로운 경험이었고, 우리는 억만금을 준다 해도 이 경험을 바꿀 생각이 없습니다. 하지만 또 한편으로는 우리 인생에서 가장 어려운 1년 6개월이기도 했습니다. 여기서 이사하기를 주님이 원하신다는 생각은 들지 않습니다. 하지만 그의 자녀가 공동체 안에 있기를 원하신다는 사실은 알고 있습니다. 여기로 이사한 후 실제로 공동체와 더불어 사는 삶을 누린 적이 없습니다. 이번 달에는 '윈디 시티'라고 우리가 이름 붙인 곳으로 이사를 가려고 합니다. 윈디 시티에서 기대하는 것은 단순히 공동체나 오래도록 건강한 삶만은 아닙니다. 그곳의 대학을 통해 복음을 듣지 못한 그 지역의 미전도 종족에게 영향을 미칠 수 있도록 전략적인 곳으로 자리를 옮기려는 것이지요. 그렇게 되면 우리 아이와 다른 외국 아이들이 친구가 될 수 있으리라 생각합니다.

이 지혜로운 선교사 부부는 가족에게 도움이 될, 어

렵지만 전략적인 변화를 시도하기로 결정했다. 자녀는 단순히 우리 사역의 일부가 아니라 우리의 사역 자체다. 대사명을 따르는 건강한 리더라면 그리스도를 시작으로 배우자와 자녀를 포함해 건강한 대계명의 관계를 누릴 것이다.

부모를 사랑함

인생 주기에 따라 우리를 가장 필요로 하는 사람들이 달라질 수 있다. 아내와 나는 아이들을 다 독립시켰고, 지금은 성인이 된 아이들보다는 부모님이 우리를 더 필요로 하신다. 바울은 자신의 멘티이자 사역자인 젊은 디모데에게 이렇게 편지를 보냈다. "누구든지 자기 친족 특히 자기 가족을 돌보지 아니하면 믿음을 배반한 자요 불신자보다 더 악한 자니라"(딤전 5:8).

작년에 아버지는 임종하시기 약 일주일 전에 이 책의 견본을 완독하시고 매우 힘이 되는 말씀으로 나를 축복해주셨다. 아버지는 50년 넘게 신실한 집사이자 주일학교 교사로 섬기셨다. 어머니와 함께 가정과 교회와 지역 사회에서 대계명의 사랑을 실천하셨다. 내가 이렇게 놀라운 유산을 물려받다니 얼마나 축복인지 모르겠다!

여동생 멜리사는 목회자와 결혼했고 어머니와 가까이 살고 있다. 여동생 부부가 우리 부모님을 돌보는 모습은 디모데전서 5장 8절의 정신을 실천하는 본보기가 되고 있다. 장인어른과 장모님은 우리와 가까운 곳에 살고 계시다. 우리는 90대를 살아가시는 그분들을 대계명의 사랑으로 잘 섬기고 싶은 마음이 간절하다.

우리 자신을 사랑함

가장 어색하고 간과되는 대계명 관계는 "네 이웃을 네 몸과 같이 사랑하라"는 명령의 말미에서 볼 수 있다.

어떤 사람들은 자기 자신을 사랑하는 데 격려가 필요없다고 생각하지만, 자기 자신을 건강하게 사랑하는 것은 중요한 일이다. 하나님이 주신 자기 보존 본능을 무시하는 것은 자연스럽지도 않고 건강한 모습도 아니다. 문제는 자기중심성과 자기희생을 구분하는 것이다. 자신을 높이거나 무시하는 것은 누구에게도 도움이 되지 않는다.

"네가 네 자신과 가르침을 살펴 이 일을 계속하라 이것을 행함으로 네 자신과 네게 듣는 자를 구원하리라"(딤전 4:16).

'살피다'는 현재 능동태 명령형 동사이며, 심장이 뛰는 한 우리 인생을 살피고 주의해야 한다는 의미를 지닌다. "너의 인생을 면밀하게 살피라"(NIV), "자신을 지속적으로 면밀히 관찰하라"(ESV)라고 표현하는 번역본들도 있다.

헬라어 동사는 문자적으로 '관심을 집중하다, 붙들고 놓지 않는다'라는 의미를 지닌다. 나처럼 주의력 결핍 장애가 있는 사람들은 계속해서 집중하는 어려움에 대해 너무나 잘 안다. 이 중요한 절의 문맥은 목회자 사이의 멘토링 관계를 다룬다. 그러니 이 절을 개인적이고 진지하게 생각해야 한다. 또한 "이것을 행함으로 네 자신과 네게 듣는 자를 구원할" 것이므로 그 중요성은 매우 크다.

바울이 에베소 교인들에게 보낸 편지를 보면 에베소 교회 지도자 중 일부는 영혼을 무방비 상태로 방치했고, 그 믿음은 파산 상태였으며, 사역은 손을 놓고 있었다. 그러므로 그가 에베소 장로들에게 마지막으로 당부

한 내용이 "여러분은 **자기를 위하여** 또는 온 양 떼를 위하여 삼가라 성령이 그들 가운데 여러분을 감독자로 삼고 하나님이 자기 피로 사신 교회를 보살피게 하셨느니라"(행 20:28, 강조체 저자)였던 것도 놀라운 일이 아니다.

자신을 돌보는 것은 이기적인 것이 아니라 전략적인 것이다.

관계의 계층 구조에서 예수님은 우리가 우리 자신보다 하나님을 더 사랑하고 우리 자신처럼 이웃을 사랑하기를 기대하신다. 우리 자신을 사랑하는 것이 하나님을 사랑하는 것과 어긋날 때는 하나님보다 우리 자신을 먼저 사랑할 때뿐이다. 우리는 주님을 따를 때만 자기를 부인하는 삶을 살아야 한다.

예수님은 "누구든지 나를 따라오려거든 자기를 부인하고 자기 십자가를 지고 나를 따를 것이니라 누구든지 자기 목숨을 구원하고자 하면 잃을 것이요 누구든지 나와 복음을 위하여 자기 목숨을 잃으면 구원하리라"(막 8:34-35)라고 말씀하셨다.

인생의 보좌에서 자신을 내려놓는 과정은 구원과 지속적인 성화를 위한 전제 조건이다. 그러나 자아를 죽이고 부인한다는 것을 자신을 방치하거나 증오하는 것으로 오해해서는 안 된다. 역설적으로 그런 태도는 창조주를 모독하는 것이다.

다른 사람들에게 이기적일 정도로 자신을 사랑하는 행위 역시 동일하게 말할 수 있다. 아래 구절에서 진정으로 이타적이라고 해서 자신을 태만히 방치하라고 하지 않는다는 사실을 유의해서 보라.

> "아무 일에든지 다툼이나 허영으로 하지 말고 오직 겸손한 마음으로 각각 자기보다 남을 낫게 여기고 각각 자기 일을 돌볼뿐더러 또한 각각 다른 사람들의 일을 돌보아 나의 기쁨을 충만하게 하라"(빌 2:3-4).

하나님이 우리 자신의 이익을 무시하라고 요구하시는가? 바울은 우리 자신을 완전히 배제하지 않고 돌아보되 다른 사람을 더 낫게 여기는 것이 겸손이라고 주장한다. "~뿐더러"라는 짧지만 강력한 단어를 무시하지 않도록 주의해야 한다.

대계명에 순종하는 리더로서 매일 맞닥뜨리는 가장 큰 어려움은 과도한 몰입이다. 내게 주어지는 거의 모든 사역 기회를 거절하지 않고 다 수용한 것은 다음과 같은 이유 때문이었다.

— 하나님을 사랑하며 그분이 주신 은사들을 사용하기를 원한다.

— 그분의 신부인 교회를 사랑하며 교회 리더들이 형통하도록 돕는 일이 즐겁다.

— 나는 누군가에게 필요한 존재가 되어야 하고, 다른 사람들에게 인정받는 것이 기쁘다.

마지막 이유는 쓰기가 쉽지 않았다. 일종의 사역 중독증을 탓하기 위해서는 오직 거룩한 동기만 있어야 하기 때문이다. 나는 내가 파고 들어간 구멍을 정당화하기 위해 '하나님 카드'를 사용했던 적이 한두 번이 아니었다.

우리는 대부분 비행기가 이륙하기 전 승무원의 안내 멘트에 익숙하다. "기내에 산소 공급이 필요할 때는 선반 속에 있는 산소마스크가 자동으로 내려옵니다. 마스크를 앞으로 잡아당겨 코와 입에 대고, 끈을 머리에 맞게 조여주십시오. 어린이나 도움이 필요한 분이 계시면, 보호자가 먼저 착용하신 후 도와주시기 바랍니다."

자신을 돌보기 위한 지름길이나 비밀 같은 것은 존재하지 않는다. 다른 사람의 말에 잘 속는 사람들은 신통한 비결이라는 식의 유행에 휩쓸릴 것이다. 그러나 자기 돌봄은 그 주체인 우리 자신에게 어색하게 느껴질 뿐만 아니라 상식적이지도 않다. 당연하겠지만, 우리는 우리 자신을 돌보기 전에 먼저 다른 사람들을 도와야 한다고 생각한다. 그러나 우리가 비행기에서 기절하거나 혹은 교회에서 중도에 이탈한다면 다른 사람들에게도 전혀 좋을 것이 없다. 자신을 돌보는 것은 우리 동기가 무엇이냐에 따라 자기중심적일 수도 있고 전략적인 행동일 수도 있다.

사역의 마무리를 어떻게 할지 그리고 제대로 마무리 할지는 대체로 오늘 가정과 자신을 어떻게 돌보느냐에 따라 결정된다.

자기 돌봄을 위한 질문

① 바로 지금 당신의 인생에서 우선순위를 하향 조정해야 할 사람이 있는가?
② 가정에서 가족의 말을 잘 경청하기 위해 할 수 있는 한 가지 일은 무엇인가?
③ 이번 주에 배우자와의 관계를 풍성하게 할 한 가지 구체적인 방법을 이야기해보라.
④ 당신 자신을 잘 돌보기 위한 두 가지 구체적인 방

법을 이야기해보라.

⑤ 당신이 목회자라면 당신을 목회해주는 사람은 누구인가?

10장
우정을 나누는 친구라는 이웃

2016년 1월 24일, 세계 최초로 아무 지원도 받지 않고 단독으로 남극 탐험에 도전한 영국인 탐험가 헨리 워슬리(Henry Worsley)가 사망했다. CNN은 이 일을 일컬어 "극지 탐험가 어니스트 섀클턴(Ernest Shackleton) 경에게 영감을 받은 장대한 자선 임무였다"라고 평가했다.[1) 섀클턴이 동일한 목표 달성에 실패한 지 100년 후 워슬리는 목표 지점을 불과 약 48킬로미터 앞두고 비극적으로 인생을 마감한 것이다.

나는 이 용감한 두 영국 탐험가에 대한 이야기를 듣고 이상한 비애감을 느꼈다. 그들은 모두 그토록 열심히 노력했지만, 목표물을 눈앞에 두고 실패하고 말았다.

이 이야기를 곱씹으며 든 생각은 무엇보다 그 목표가 너무나 어리석다는 것이었다. 아무 도움도 받지 않고 단독으로 남극을 탐험하는 것이 과연 워슬리에게 건강한 목표였는가? 이 55세의 전직 영국 육군 장교가 71일 동안 남극을 1,500킬로미터를 횡단한 것이, 그것도 혼자서 탐험한 것이 용기 있는 모험이었는가? 아니면 어리석은 자의 무모한 치기였는가?

혼자 사역하려 하는 목회자는 결승선에 이르지 못하고 중도에 쓰러질 심각한 위험이 있다.

사도 바울은 인생과 사역의 결승선에 가까워지자 이렇게 담대하게 선언했다. "나는 선한 싸움을 싸우고 나의 달려갈 길을 마치고 믿음을 지켰으니"(딤후 4:7). 바울은 선교 여행으로 16만 킬로미터가 넘는 거리를 이동했다. 하지만 혼자 여행한 적은 없었다. 친구들이여, 우리의 삶과 사명을 제대로 마무리하기 위한 비결이 바로 이것이다. 우리는 바울을 버린 몇 사람의 이름을 알고 있다. 하지만 바울이 로마서 말미에 자신이 사역을 잘 마무리하도록 도움을 주었다고 언급한 33명의 이름도 알고 있다.

당신은 헨리 워슬리에 가까운가? 아니면 다소의 바울에 가까운가?

사역을 제대로 마무리하는 것이 탁월한 리더에게만 허락된 특별한 목표라고 생각하지 않기를 바란다. 바울은 성공적인 마무리가 자신이 아닌 예수님이 행하신 일의 결과라고 믿었다. "너희 안에서 착한 일을 시작하신 이가 그리스도 예수의 날까지 이루실 줄을 우리는 확신하노라"(빌 1:6).

포기하고 싶을 때 나를 믿어주고 격려해주었던 수많은 사람이 없었다면 35년이나 이어온 나의 사역 여정은 오래전에 끝났을 것이다. 이 책을 읽고 있는 독자 중에는 자신의 이야기 같다고 생각하는 사람도 있을 것이다. 나는 지쳐서 포기하고 싶을 때 내 팔을 들어주었던 모든 아론과 훌을 기억한다. 어떤 말로도 감사한 마음을 다 표현할 수 없다. 이 책에서 소개하는 관계들은 고립과 외로움과 실패에 맞서도록 나를 지켜주는 방패가 되어주었다.

목회자들이여, 다른 사역자들과 활발히 교류하며 우정을 나누기를 바란다. 그러나 부디 그 정도에서 그치지 말라. 사역자가 아닌 이들과도 우정을 나누라. 더 풍성한 삶을 누리고 더 건강한 사역을 해나가는 데 도움이 될 것이다.

혹시 바나바와 같은 사람이 옆에 없는가? 그렇다면

당신은 중요한 무언가를 놓치고 있거나, 더 나쁘게는 에너지가 고갈되고 있다는 신호다.

죽고 못 사는 친구

북미에 거주하는 수천 명의 목회자에게 두 가지 간단한 질문을 해보았다.

① 가족 외에 가장 친한 친구는 누구인가?
② 그 친구와 마지막으로 대화를 나눈 때는 언제인가?

얼마 전까지만 해도 이 질문에 내가 망설이지 않고 대답한 사람은 폴 콜먼과 크레이그 밀러였다. 나는 30년이 넘게 거의 격주로 두 사람과 안부를 묻고 대화를 나누며 지냈다. 가장 친구는 두 사람이 될 수 없기에 크레이그에게는 내가 맡은 직분을 잘 감당하도록 곁에서 도와달라고 요청했고, 반면 폴에게는 나의 절친한 친구로서 곁에서 함께해달라고 부탁했다. 이렇게 30여 년 동안 두 사람은 나의 아론이자 훌이 되어주었다.

폴 콜먼은 1982년부터 가장 친한 친구이자 서로를 점검해주고 책임져주는 협력자로 지내왔다. 우리는 고등학교에서 친해졌고 대학에서는 룸메이트로 지냈다. 심지어 같은 신학교를 다녔고, 서로의 결혼식에서 신랑 들러리 역할을 했다. 우리는 같은 주에서 사역한 적이 한 번도 없었지만, 사역하는 내내 매주 전화로 서로를 점검하며 안부를 물었다. 이렇게 통화하는 중에 그가 이 책의 제목을 제안해주기도 했다. 정말 근사한 관계이지 않은가! 그는 늘 나보다 훨씬 창의적이었다. 그래서인지 내가 몇 주 동안 머리를 짜내느라 끙끙거린 일을 단 2분이면 해결해주었다.

지난 40년 동안 우리는 대부분 그러하듯 우정을 운에 맡기고 시간이 흐르면서 퇴색해가도록 두지 않고 의지적으로 우정을 가꾸고자 노력했다.

크레이그 밀러와 나는 대학에서 친구가 되었다. 그는 태어나서 처음으로 나를 사슴 사냥에 데려가주었고, 나는 그의 생애 처음으로 그를 선교 여행에 데려갔다. 이 책 서문에 언급한 바그다드 여행을 비롯해 우리는 많은 선교 여행을 함께했다. 2016년 6월 10일 우리는 함께 떠날 탄자니아 선교 여행에 대해 긴 대화를 나누었다. 그가 소속된 국제 구호 선교 단체인 '목마름 없는 세상'(Thirst No More)은 탄자니아에서 우물을 파고 교회를 개척하는 활동을 주력으로 하고 있었다. 우리는 당연히 그곳에 있는 동안 사냥을 할 계획도 세웠다.

그 전화를 하고 이틀 후 크레이그는 그의 농장에서 일어난 원인 불명의 사고로 사망했다.

나는 엄청난 충격에 빠졌다.

그때까지 그렇게 가까운 사람을 잃어본 적이 없었고, 그 정도의 비통함을 경험한 것도 난생처음이었다. 내게 가장 위안이 되었던 것은 마지막까지 계속해서 우리가 우정을 나누었다는 사실이었다. 우리는 거의 한 주도 빠지지 않고 연락을 주고받았으며 서로를 격려했다.

나는 눈에 보이지 않는 거룩한 전쟁의 최전선에서 폴과 크레이그와 함께 삶을 나누며 섬겨왔다. 나는 절대로 혼자서 싸울 필요가 없다는 사실을 늘 알고 있었다. 이렇게 죽고 못 사는 우정은 보기 드물고, 의지적으로 노력해야만 쌓아갈 수 있다.

하나님이 시작하신 일을 마치도록 당신을 도와주는 사람은 누구인가? 그들과 마지막으로 대화를 나눈 때는 언제인가? 당신이 이기고 있을 때 당신 편에 서 있는 사람들은 친구가 아니다. 팬일 뿐이다.

실패에 대한 건강한 두려움

폴과 크레이그 그리고 다른 몇 명의 절친한 친구와 맺은 변함없는 우정은 사랑과 두려움의 독특한 균형을 기반으로 한다. 목회 사역을 시작한 첫해에 나는 텔레비전 방송에서 전도 활동을 하며 명성을 얻었던 지미 스와가트(Jimmy Swaggart)와 짐 베이커(Jim Bakker)가 도덕적 실패로 하루아침에 추락하는 것을 보았다.

더 충격적인 사건은 댈러스 프레스턴우드 침례 교회의 빌리 웨버(Billy Weber) 목사의 성공과 몰락이었다. 패기 넘치는 청년 목사로서 나는 그 존재감이 누구보다 큰 웨버와 다른 탁월한 강사들을 오랫동안 존경하며 우러러보았다. 아이러니하게도 웨버의 후임자인 잭 그레이엄(Jack Graham)은 34년 동안 한결같은 성실함으로 프레스턴우드를 이끌었다. 우리는 댈러스로 이사한 직후 바로 프레스턴우드 교회에 출석했다.

내가 사역을 시작한 초창기에 또 다른 두 목회자가 실패하는 것을 보았다. 두 사람 모두 개인적 멘토이자 사역의 영웅으로 존경하고 있었다. 하지만 두 사람은 간통으로 강단에서 물러났다.

그 당시 나는 한창 감수성이 예민한 22세의 청년이었

고, 목회 인생의 첫해에 실패할지도 모른다는 두려움으로 완전히 마비되고 말았다. 사역의 경주를 막 시작했기에 40년 내지 50년 뒤 사역을 잘 마무리할 수 있을지 상상하기가 어려웠다. 특별히 이런 저명한 목회자들이 목회 인생을 절반도 채우지 못하는 모습을 본 뒤라 더욱 그랬다.

나의 두려움 중 일부는 육욕적인 것이었음을 인정한다. 나 또한 그 사람들과 크게 다르지 않은 약점이 있다는 것을 알고 있었다. 그러나 나는 그와 같은 건강한 두려움을 받아들였고, 그 덕분에 폴과 데이비드에게 내가 개인적 성장과 순결을 지킬 수 있도록 늘 곁에서 함께하며 책임지고 도와달라고 부탁할 수 있었다.

아내와 나는 둘 다 결혼할 때까지 순결을 지켰다. 그리고 교회 집사의 자녀(나)와 목회자의 자녀(아내)로서 지금까지 무난하게 평판을 유지하고 있다. 나는 시작할 때와 동일한 수준의 순수함과 성실함으로 결혼 생활과 사역을 마감하고 싶다는 간절한 열망이 있었다. 감사하게도 하나님은 사역에는 혼자만의 노력이 아닌 다른 이의 도움이 필요하다는 사실을 알려주셨다. 나는 폴과 크레이그에게 채근과 동시에 격려를 받는 축복을 누렸다. 그러나 무엇보다 특히 내내 나에게 힘을 주시고 보호해주시는 성령님이 함께해주셨다.

친구여, 성령님은 당신도 보호하고 계시니 힘을 내라! 그리고 사역에 몸담고 있는 동안 앞선 세대뿐 아니라 다음 세대에 속한 누군가를 격려할 기회를 달라고 기도하라. 우리는 연령과 인종을 초월해서 이웃과 우정을 나누는 유익을 얼마든지 누릴 수 있다.

교회에서 나누는 우정?

목회자들은 몸담고 있는 교회에서 우정을 누릴 수 있는가? 내가 목회자가 되었을 당시, 사역자들이 공유하는 전통적 지혜는 교인들과 친구가 되어서는 안 된다는 것이었다. 수긍이 가는 조언이었다. 이런 조언을 공공연히 나누었고, 대부분 누구도 이의를 제기하지 않았다.

처음에 나는 이런 논리를 아무 비판 없이 받아들였다. 내 마음 한편에서는 우리가 일반 교인들과 다르다는 정서를 흡족하게 여겼다. 은연중에 내가 더 우월하다는 생각이 들었다. 하지만 내가 섬기는 믿음의 가족과 친밀한 관계를 맺고 싶은 마음이 더 컸기에, 그 논리에 화가 날 때가 더 많았다. 나는 교회에서 목회자로 섬기든지 평신도 리더로 섬기든지 **편애와 우정을 혼동하지 말라고 강력히 권면한다.** 그러지 않으면 고립이라는 함정에 빠지기 쉽다. 교회는 단순한 직장이 아니라 가족이다.

마태, 마가, 누가는 예수님과 서기관이 대계명에 대해 나눈 대화를 매우 비슷한 내용으로 기록했다. 그러나 요한복음은 독특한 방식으로 그 명령을 요약한다.

> "새 계명을 너희에게 주노니 서로 사랑하라 내가 너희를 사랑한 것같이 너희도 서로 사랑하라 너희가 서로 사랑하면 이로써 모든 사람이 너희가 내 제자인 줄 알리라"(요 13:34-35).

이 명령이 어떤 부분에서 새로운지 의아할지도 모르겠다. 여기서 예수님은 두 번째 대계명의 적용을 확대해 영적 가족을 사랑하라는 명령을 더하신다. 요한은 주 안에서 형제자매를 사랑하는 것이 우리 신앙의 순수성을 확인하는 궁극적 증거라고 생각했다.

> "만일 우리가 서로 사랑하면 하나님이 우리 안에 거하시고 그의 사랑이 우리 안에 온전히 이루어지느니라… 우리가 사랑함은 그가 먼저 우리를 사랑하셨음이라 누

구든지 하나님을 사랑하노라 하고 그 형제를 미워하면 이는 거짓말하는 자니 보는 바 그 형제를 사랑하지 아니하는 자는 보지 못하는 바 하나님을 사랑할 수 없느니라 우리가 이 계명을 주께 받았나니 하나님을 사랑하는 자는 또한 그 형제를 사랑할지니라"(요일 4:12하, 19-21).

당신의 교인들에게는 확실히 당신이 필요하다. 하지만 그들 못지않게 당신에게도 교인들이 필요하다. 아직 가깝게 지내는 친구가 없다면 지금 섬기는 교회 안에서 찾아보라. 나아가 교회에 국한하지 말고 현재 살고 있는 지역 공동체에서 친구를 찾아보기를 권한다. 우정을 나누는 이웃의 범위를 넓혀 당신과 견해가 다르거나, 신념이 다르거나, 정치적 성향이 다른 사람들도 사귀어보라.

교인들이나 교회 직원들과 우정을 나눌 때 위험 부담이 따르는가? 물론 그렇다! 그 사실을 입증하는 상흔이 내게 아직도 남아 있다. 하지만 또한 교인에게서 멀어져 스스로 소외되었을 때 느낀 텅 빈 외로움과 공허감의 고통을 지금도 기억한다. 우리의 동료 간사들과 교회 리더들은 사역 현장에서 누구보다 가까운 사람들이다. 그들은 최전선에서 우리와 함께 싸우고 있다. 우리를 위해 방어해주고 싸우는 이들을 멀리하는 것은 어리석은 일이다.

라이프웨이, 가이드스톤, 캐어포패스터스에서 섬기며 전국의 목회자들을 목양하면서 나는 전에는 만나지 못했던 사람들의 이야기를 들을 기회가 있었다.

한번은 빌이라는 목회자가 내가 운영하는 라이프웨이 블로그의 한 게시물에 답변을 달았다. 그의 글을 통해 교인들과 허물없이 우정을 나눌 때 목회자가 전형적으로 보이는 망설임과 거리낌을 엿볼 수 있었다.

> 빌: 교인들이 당신의 수표에 사인을 해주는 사람들이라는 것을 잊어서는 안 됩니다. 우정은 투명하게 자신을 드러내고 상처를 받을 각오를 해야 하기 때문에 목회자는 그 일을 가볍게 생각해서는 안 되지요. 친구든 아니든 당신은 항상 돌보는 '목회자'가 되어야 하니 말입니다.
>
> 마크: 빌, 읽고 답변을 달아주셔서 감사합니다. 교인들과 우정을 나누는 문제를 쉽게 보아서는 안 된다는 지적은 옳습니다. 실제로 재정적 의존과 영적 권위가 충돌하는 지점들이 있습니다. 그러나 한 지붕 아래 사는 가족도 똑같습니다. 육신의 가족을 사랑하든지, 영적 가족을 사랑하든지 여러 복잡한 층위가

존재합니다. 그런 층위들을 우리 자신이나 그들을 소홀히 대하는 핑계로 삼지 않도록 해야 합니다.

교회를 단순히 자신의 직장으로 여길지 아니면 확대 가족으로 여길지 결정해야 한다. 매 주일 가족이 아닌 타인들에게 둘러싸여 있다는 생각이 든다면, 누구의 탓도 아닌 오롯이 본인 잘못이다. 훌륭한 설교자는 설교를 잘하지만, 훌륭한 목회자는 경청을 잘한다. 우리가 두 가지 일을 동일하게 잘하는 법을 배울 때 우정이 자랄 수 있다.

모든 목회자는 멘토가 필요하다

모세에게는 아론이 있었고, 엘리야에게는 엘리사가 있었다. 스룹바벨에게는 학개가 있었고, 바울은 아나니아와 바나바가 있었다. 디모데와 디도는 바울이 있었고, 나에게는 은퇴한 여러 목회자와 더불어 토니가 있다.

'멘토'(mentor)라는 단어의 어원은 그리스의 한 소설에서 기원했다. 트로이 전쟁에 출정하기 전 허구의 인물인 오디세우스는 멘토르라는 사람에게 자신의 아들을 그의 피붙이처럼 키워달라고 부탁했다. 우리는 누군가에게 그 정도 수준의 제자도 훈련을 위탁할 수 있어야 한다.

나는 30년 동안 최소한 한 명의 멘토와 여러 명의 멘티를 두려고 노력했다. 이 관계들은 하나같이 서로 은혜를 베푼다는 특징이 있다. 이것은 2천 년 동안 전해져 내려온 바나바-바울-디모데의 모델과 궤를 같이한다.

젊은 목회자와 리더는 일반적으로 멘토를 두고 싶어 한다는 이야기를 들었다. 이런 흐름은 극히 고무적이다. 가장 건강한 목회자는 주변에 멘토들이 있는 사람이라고 나는 확신한다.

멘토링의 핵심

다른 목회자의 도움을 받지 않고 목회적 회복 탄력성을 추구하려 한다면 그것은 비현실적일 뿐 아니라 오래 지속될 수도 없다. 그렇다면 더 많은 목회자가 다른 목회자에게 이런 지지를 받지 못하는 이유는 무엇인가? 내가 보기에 일차적 이유는 먼저 요청하지 않거나, 무엇을 요청해야 할지 모르기 때문이다.

바나바가 보여준 모범은 어떤 것인가? 바나바는 목회 멘토링에 대해 여섯 가지 모범을 보여주었다.

바나바는 지지를 보낸다

모든 목회자와 사역 리더에게는 격려해주고 때로 인생에 필요한 책망을 아끼지 않는 바나바가 필요하다. 바울은 바나바의 조카인 마가 요한이 첫 선교 여행에서 중도 포기했을 때 그를 영원히 선교 팀에서 추방하려 했다. 하지만 바나바는 오히려 마가의 멘토가 되어주기로 했고, 그는 다시 복귀하여 역사상 최고의 베스트셀러 중 한 부분을 저술한 저자가 되었다. 또한 훗날 마가는 베드로와 바울의 소중한 파트너가 되었다.

바나바는 자기희생적이다

사도행전에서는 교회 지도자 바나바가 아낌없이 자기 소유를 내놓은 기사를 읽을 수 있다. "바나바라…그가 밭이 있으매 팔아 그 값을 가지고 사도들의 발 앞에 두니라"(행 4:36-37).

이 세상에는 자기만 사랑하는 일종의 약탈자들이 이미 차고 넘친다. 바나바는 다른 사람의 필요를 자신의 필요보다 더 중요하게 생각하는 유형의 친구다(빌 2:3).

바나바는 충직하다

예루살렘 교회 지도자들이 바나바를 안디옥에 보내

복음을 전하게 했을 때, 그는 사울이라는(바울이라고도 하
는) 위험한 새 개종자를 함께 보냈다. 바울은 회심하기
전에 그리스도인들을 박해한 사람으로 악명이 높았고,
바울이 진짜 그리스도인이 되었다고 생각하는 사람은 거
의 없었다. 그러나 사도들은 바나바를 신뢰했고, 바나바
는 바울을 신뢰했다. 바나바의 배려가 없었다면 바울은
첫 사역 기회를 얻지 못했을지도 모른다(행 11:22-30).

바나바는 성숙하다

안디옥 교회가 이방인들의 회심으로 급속하게 성장
하기 시작하자 예루살렘 지도자들은 다소 우려하는 마
음이 생겼다. 그들은 바나바를 보내서 전반적인 상황을
살펴보게 했다. "바나바는 착한 사람이요 성령과 믿음이
충만한 사람이라"(행 11:24).

우리는 모두 승리한 경험과 실패한 경험을 털어놓을
친구가 필요하다. 분노가 폭발하기 직전일 때 사역의 포기
라는 절벽에서 물러서도록 설득해줄 누군가가 필요하다.

바나바는 겸손하다

바울은 훌륭한 작가이자 강연가였다. 하지만 글을 쓰
고 말하는 바나바의 능력에 대한 증거는 찾아보기 어렵

다. 대부분의 그리스도인은 펜이나 마이크를 잡고 섬기도록 부름받거나 은사를 받는 경우가 없다. 그러므로 자신이 받은 은사가 무대에 오른 다른 사람들보다 열등하다고 생각하기 쉽다.

성경은 어느 시점부터 "바나바와 바울"이라는 표현을 "바울과 바나바"로 바꾸어 표기한다. 사도행전에서 누가는 미묘하지만 의도적으로 이렇게 표현을 바꾸었다.

바나바는 담대하다

바나바는 단순히 착하고 관용적인 사람 이상이었다. 그는 마가 요한을 두고 의견이 심각하게 갈렸을 때 (행 15:36-39) 바울에게 등을 돌리거나 절교하지 않았다. 격려하고 위로하는 사람들은 무심하게 우리의 연약함을 외면하지 않는다. 그들은 그런 도전들을 우리와 함께 돌파한다.

어떤 사람들은 무대 위에서 지도자로서 가장 빛나는 반면, 바나바와 같은 사람들은 뒤에서 그림자처럼 조력할 때 가장 잘 섬길 수 있다. 바나바는 신약 성경의 저술에 조금도 참여하지 않았다. 하지만 그는 사도 바울과 마가 요한뿐만 아니라 다른 저자들에게도 지대한 영향을 미쳤다. 이런 영향을 통해 신약 성경의 많은 부분에서 그가 중요한 역할을 했다고 주장해도 전혀 과장이 아니다. 바나바는 신약의 '숨겨진 영웅'으로 칭송받아 마땅하다.

나의 가장 중요한 멘토는 토니 웨스톤(Tony Weston)이다. 그는 큰형처럼 나의 인생을 살피며 조언을 아끼지 않는다. 큰형이라는 별명은 사역자로 섬기는 이들이 그에게 붙여준 이름이다. 우리는 아칸소주의 콘웨이에서 9년 동안 함께 사역자로 섬겼다. 결혼 사역을 시작하기 위해 교회를 떠났을 때, 나는 더 이상 그의 상관이 아니었기에 나의 정식 멘토가 되어달라고 부탁했다.

우리는 홀로 서서히 표류하지 않도록 의지적으로 더 친밀한 관계를 가꾸는 길을 선택했다. 지금은 같은 주에 살고 있지 않지만, 매달 그와 전화 통화를 하고 1년에 한두 번은 직접 만나려고 애쓴다. 결승선에 다다를 때까지 계속 목회자로서 목양에 진심으로 헌신하고 싶다면, 당신에게 멘토가 되어줄 사람을 찾아보라. 당신보다 나이가 조금 많고, 동성인 사람들이 도움이 된다.

다른 목회자가 성공하도록 돕는 일에 헌신하는 목회자가 더 많이 생겨나야 한다. 당신이 격려하며 돕는 사람은 누구인가? 그리고 당신을 돕고 격려하는 멘토는 누구인가?

11장
전 세계의 이웃

얼마 전 전과 기록이 있는 젊은 친구를 만났다. 편의상 그의 이름을 스티브라고 하자. 동네 커피숍에서 90분 동안 가진 만남은 우연이거나 편안한 시간이 아니었다. 스티브 가족의 요청으로 나는 1년이 넘게 그를 멘토링하고 있었다. 그가 저지른 범죄의 성격 때문에 우리가 만날 수 있는 장소는 몇 곳으로 한정되어 있었다. 그러나 나에게는 그를 돌볼 책임이 있기 때문에 불편은 전혀 개의치 않았다. 무엇보다 스티브는 나의 이웃이다.

내일은 목회자 세 명을 따로 만날 것이다. 이렇게 하루에 세 명을 만나는 것은 내게는 이례적인 일이다. 보통 나는 목회자들을 체육관, 커피숍, 레스토랑이나 그 외 다양한 곳에서 만난다. 지역 교회 목사들은 나의 이웃이고 내게 매우 소중한 존재이기 때문에 그들에게 시간과

정성을 투자하는 것은 즐겁다.

보호 관찰 대상이든 목회자든 모두 하나님이 사랑하도록 부르신 나의 이웃이다. 당신의 이웃은 누구인가?

이웃을 사랑하라는 첫 명령은 레위기에서 볼 수 있다. "원수를 갚지 말며 동포를 원망하지 말며 네 이웃 사랑하기를 네 자신과 같이 사랑하라 나는 여호와이니라"(레 19:18). 오늘 우리가 대화를 나눈 모든 사람에게 도움이 필요하다. 복음이 필요하고 격려가 필요하다. 하나님이 우리 인생에서 만나게 하시는 모든 사람이 우리 이웃이다.

레위기 19장은 십계명 전체의 작은 주석에 해당한다. 하나님이 모세에게 전 이스라엘 백성을 대상으로 직접 말하라고 지시하신 것은 이것이 유일하다. 전 이스라엘을 향해 직접 전하는 메시지에서 모세는 가정과 일터와 이웃을 대상으로 신앙을 실천하는 방법을 제시한다. 가난한 사람과 부자를 가리지 말고, 젊은이와 노인, 이스라엘 동족과 이주민을 차별 없이 두루 사랑하는 법을 가르친다.

이웃을 사랑하라는 명령은 쉐마(*Shema*, 신명기)와 무관한 레위기에 등장한다. 예수님은 이 명령을 전체 성경에서 두 번째로 중요한 명령으로 격상시키셨다.

예수님은 우리의 사랑이 하나님을 향한 수직적 사랑을 넘어 모든 사람을 향한 수평적 사랑으로 확대되기를 원하셨다. 우리는 하나님께 받은 희생적이고 일방적인 사랑을 가족은 물론이고 이방인에게도 베풀어야 한다. 그리스도인으로서 우리는 보답을 받을 수 있든 없든 상관없이 어려운 모든 사람을 도우라고 부름받았다. 목회자는 모든 사람이 사랑을 필요로 하는 지역 공동체로 부름받았다. 목회자는 그 공동체 속에서 그들이 세상을 다스리시는 하나님을 섬기도록 인도해야 한다.

형편이 어려운 이웃

아칸소주 콘웨이에 있는 제2침례교회에서 목회하던 시절에 나는 큰 깨달음을 얻었다. 당시 우리 교회 성도들은 도심 캠퍼스에서 드릴 부활절 예배에 사람들을 초청하기 위해 직접 이웃 주민의 집을 방문하고 있었다. 더불어 새로 조성한 캠퍼스에서 헬리콥터로 부활절 계란을 투하하는 행사에도 초대했다. 유서 깊은 도심 캠퍼스는 빈민가에 있었다. 도심 빈민가에 사는 이웃들은 대부분 정중했고, 우리가 나눈 부활절 선물 바구니를 친절하게 받아주었다. 그러나 그들에게 선물을 주고 돌아서는데 불길한 생각이 스쳐 지나갔다.

'저 사람들은 교회에 오지 못하겠구나.'

그들의 암울한 현실에 마음이 짓눌리는 느낌이었다. 형편이 어려운 이웃들이 계란과 캔디와 각종 선물을 가득 담은 꾸러미를 헬리콥터로 투하하는 장면을 보려고 6킬로미터 거리를 운전해 약 20만 제곱미터에 달하는 새 캠퍼스로 오지는 않을 것이다. 지금 생각해보면 심지어 그들 중 상당수는 자동차가 없었을 것이다.

이 도시에서는 부활절에 이 화려한 볼거리를 보려고 매년 수천 명의 부모와 자녀가 이곳으로 모여들었다. 그들은 캠퍼스를 떠나기 전에 복음을 들을 수 있었다. 하지만 도심 캠퍼스 인근에 사는 사람 중 부활절 전야제 행사나 주일 예배에 참석하는 이는 거의 없었다.

대사명을 충실히 따르고 있다는 내 자만심의 거품이 꺼져버렸다. 그리고 대계명을 잘 지키고 있다고 자부했던 내 마음도 완전히 산산조각 났다. 예수님이 사랑하라고 보내주신 사람들에게 우리는 과연 어떤 이웃이었는가?

그 당시 나는 도심 캠퍼스에서 거의 10년 동안 설교로 섬기고 있었다. 하지만 손 닿을 정도로 가까이 있는 가장 도움이 필요한 이웃들에게 다가가는 일에 완전히 실패한 상태였다. 교인 수는 계속해서 늘어났지만, 교회 인근에 사는 이웃들에게는 사실상 복음을 전하지 않았던 것이다. 무엇보다 매 주일 다른 지역에서 차를 몰고 와 예배드리는 사람들의 수평적 이동으로 복음 전도에 대한 우리의 게으름과 무능을 은연중에 감추고 있었다.

설상가상으로 우리는 아름다운 전원에 새로 건축할 캠퍼스로 이사하려고 했다. 도심 캠퍼스보다 규모가 열 배나 큰 캠퍼스였다. 처음에는 도심 캠퍼스를 매물로 내놓고, 그 자금으로 새 건물을 세울 계획을 세웠다. 거의 1년 동안 '부지 매각합니다'라는 팻말을 캠퍼스 곳곳에 세워두었다.

'청지기 정신'이라는 이름으로 하나님이 주권적 계획을 따라 맡겨주신 이웃을 포기하고 있었던 것이다. 그러던 어느 날 교회 집사 한 분이 내게 아주 간단한 질문을 했다.

"교회를 팔지 못하면 어떻게 됩니까?"

존경받는 집사였던 드와이트 데이비스(Dwight Davis)가 던진 53억 원짜리 질문이었다. 드와이트는 '교회 이전 실행 위원회' 위원장으로 새 캠퍼스 건축 비용을 마련하기 위한 계획을 잘 알고 있었다.

우리는 공간 문제를 해결하고자 신축 캠퍼스로 이전할 계획을 이미 세워둔 상태였다. 또한 그곳은 한 중학교와 아칸소에서 두 번째로 큰 대학인 센트럴 아칸소 대학교와 맞닿아 있었다. 새 캠퍼스로 이전하면 새로운 사람들을 만나고, 새로운 공동체를 통해 새롭게 성장할 잠재력도 매우 높았다.

그러나 그렇게 하면 복음이 필요한 많은 이웃을 떠나야 했다.

드와이트의 직업은 약사다. 그래서 나는 처음에 그가 자가 치료 중은 아닌가 생각했다. 아니면 지폐보다는 알약의 개수를 헤아리는 법을 더 잘 알았을지도 모른다. 나는 드와이트에게 지나친 걱정은 그만두고 교회 비전에 관한 일은 나와 같은 인기 목사에게 맡기라고 말할까 생각했다. 그러나 하나님의 은혜로 나는 그의 말을 끝까지 들었다.

생애 처음으로 해외로 떠난 선교 여행에서 막 돌아온 드와이트는 지역의 이웃들을 다른 시각으로 바라보게 되었다. 그의 시각은 어두워진 나의 마음을 밝히기 위해 꼭 필요한 것이었다. 그가 새로운 시각을 갖게 된 것은 선교지의 최전방에서 생생한 현실을 경험한 덕분이었다. 이제 드와이트는 추수할 때가 되었는데 일꾼이 부족한 들판에 앉아 고향 교회를 보고 있었다.

예수님은 제자들에게 "눈을 들어 밭을 보라 희어져 추수하게 되었도다"(요 4:35)라고 말씀하셨다. 회피할 생각을 버리고 지금 속해 있는 공동체를 사랑하고 그들의 삶에 기꺼이 동참하라는 요청이었다. 이 본문의 배경을 기억하겠지만, 예수님은 죄 많은 사마리아 여인을 우물에서 만나신 직후에 이 말씀을 가르치셨다. 제자들조차 예수님이 그 여인과 대화해서는 안 된다고 생각했다.

그날 드와이트와 나는 어떻게 사역해야 도심 공동체에 도움이 될지 구체적으로 고민하며 의견을 나누었다. 그들에게는 음식, 의복, 약품, 치과 진료 그리고 도심 교회가 필요했다. 나는 하나님과 한 집사에게 보기 좋게 기습 공격을 당하고 말았다! 집사의 아들인 나는 그런 기습 공격을 예상했어야 했다. 드와이트가 내놓은 강력한 비전을 가로막을 것은 없었다. 온 교회에 드와이트와 상의한 내용을 나누었을 때, 교인들은 즉각 그 제안을 환영했고 약속이라도 한 듯이 모두 큰 박수로 화답했다.

우리는 매각 광고를 거두어들였고 곧 엄청난 액수의 헌금이 교회에 들어왔다. 도시 전체 차원의 협력 기구를 조직하고, '콘웨이 선교 센터'를 결성했다. 이 책을 쓰는 지금 이 센터에는 12개의 구호 사역 기구와 다인종 교회 개척 기관 두 곳이 상주하고 있다.

예수님은 제자들에게 가난한 이웃을 돌보는 법을 반복해서 가르치시고 몸소 모범을 보여주셨다(마 19:21, 막 12:42-43, 눅 4:18, 6:20, 11:41, 12:33, 14:13). 하나님의 말씀은 이민자와 죄수와 이민족 출신 사람을 어떻게 대해야 하는지에 대해 침묵하지 않는다. 하나님은 농부들에게 곡식을 추수한 뒤 이삭을 줍지 말라고 명령하심으로써 가난한 이웃과 외국인 거주자를 배려하셨다. 예수님의 조상인 룻이 바로 이방인과 가난한 이들을 돌보았던 하나님 백성의 도움을 받은 이민자였다(룻 2:1-6).

하나님은 항상 가장 도움이 필요한 이웃을 사랑하셨다. 재정적으로 도움이 필요한 사람, 가족이 필요한 사람 그리고 과부와 고아를 돌봐주셨다. 또한 우리가 신체적, 정신적인 장애를 안고 태어난 사람들을 직접 찾아가 돌보기를 기대하신다. 구약은 이렇게 가르친다. "너는 귀먹은 자를 저주하지 말며 맹인 앞에 장애물을 놓지 말고 네 하나님을 경외하라 나는 여호와이니라"(레 19:14).

하나님은 또한 이웃을 상대로 어떻게 거래해야 하는지 세세히 말씀하셨다. 판매자와 구매자, 고용주와 고용인 모두에게 정직할 것을 기대하신다. 결국 모든 거래나 사업상의 결정은 영적인 결정이기 때문이다(잠 11:1, 16:11, 20:10, 23).

대계명의 사랑

대계명을 실천하는 목회자는 형편이 어려운 이웃에게 복음을 전하는 것으로 만족하지 않는다. 주 중에 개인적으로 그들을 대상으로 사랑의 사역을 펼치고, 교회도 다 함께 이웃 사랑을 실천하도록 인도할 것이다. 사람들을 섬기는 일이 목회에 방해가 된다고 보는 목회자는, 중요한 본질을 버린 채 사소하고 하찮은 일을 소명으로 삼고 있지는 않은지 스스로 돌아보아야 한다. 필요하다면 우리는 선한 사마리아인 비유에 나오는 제사장이나 레위인처럼 살고 있다는 사실을 인정해야 한다. 강도 만난 이웃을 외면한 제사장이나 레위인 같은 우리 모습을 본다면, 바로 그때가 이웃을 향한 사랑을 회복해야 할 때다.

어려움에 처한 이웃을 향해 어떤 마음을 품고 있는

지는 하나님을 향해 그리고 사역자로서 받은 소명에 대해 중요한 부분을 드러낸다. 하나님이 우리 삶에 보내주신 사람을 돕기 위해 사역 스케줄을 기꺼이 늦출 의향이 있는가? 선교에 진심인 교인 때문에 건축 프로젝트 혹은 다른 거대한 목표를 포기하거나 미룰 마음이 있는가? 우리 이웃의 어려움은 미뤄도 되는 문제가 아니라, 우리가 관심을 갖고 돌봐야 할 사람들이 있다는 증거다.

잃어버린 이웃

아내와 나는 올해 텍사스주 프리스코로 이사했다. 미식축구 팀 댈러스 카우보이스의 본무대이자 미국 프로 골프(PGA)의 새 고향이다. 프리스코는 살기 좋은 쾌적한 곳이고, 미국에서 가장 빠르게 성장하고 있는 도시다.[1]

프리스코는 그동안 살았던 지역 중 인종적으로 가장 다양한 곳이다. 나는 흑인이 압도적으로 많은 고등학교를 졸업했고, 샌안토니오에서 히스패닉계가 주로 사는 곳에서 목회를 했었다. 하지만 지금까지 이렇게 인도계가 많은 곳에서는 한 번도 살아본 적이 없다. 프리스코는 백인 50퍼센트, 아시아인 26퍼센트, 히스패닉계 11퍼센트, 흑인 9퍼센트, 기타 4퍼센트로 구성된 도시다.[2]

인도인들은 대부분 힌두교 신자이고, 이전에 살았던

지역의 백인이나 흑인 혹은 히스패닉계 이웃보다 일반적으로 교류하기가 더 까다롭다. 나는 일주일에 두세 번 동네를 조깅하면서 마주치는 이웃들에게 손을 흔들고, 미소를 주고받으며, 때로 대화를 나누기도 한다. 나는 평소에 그들의 마음이 열리도록 기도할 뿐 아니라 내 마음도 열리도록 기도한다. 그들을 진심으로 사랑하기 때문이고, 바라건대 그들에게 복음을 전하고 싶기 때문이다. 나는 대계명과 대사명을 실천하는 이웃이 되고자 실제 생활에서 고군분투한다. 이런 노력은 아주 중요하다.

이 책을 시작할 때는 하나님의 친구가 되는 데 초점을 맞추었다. 이제는 죄인의 친구가 되는 법을 집중적으로 살펴보며 마무리하려 한다. 우리가 예수님을 가장 사랑한다면, 그분이 사랑하시는 사람들을 사랑할 것이다.

예수님은 사람들에게 무시당하고 박해받는 이들에게 적극적으로 다가가시고 손을 내미셨다. 죄인과 사회에서 소외받는 이들을 특별히 소중하게 여기셨다. 그들에 대해 아는 것을 넘어 그들과 정기적으로 만나시며 그들의 친구가 되어주셨다.

복음을 전하는 우리 마음의 동기는 하나님 사랑에 뿌리내려야 한다. 그렇지 않으면 복음 전도의 열정은 금방 사그라들고 말 것이다. 우리는 하나님이 우리 안에서 그리고 우리를 위해 어떤 일을 하셨는지 알고 있다. 그래서 우리의 의지력만으로는 절대 그 열정을 지탱할 수 없음을 잘 안다. 바울은 "그리스도의 사랑이 우리를 강권하시는도다"(고후 5:14)라고 말했다.

구원받지 못한 사람들과 교회에 속하지 못한 사람들의 이름을 부르며 기도하기 시작하면, 대계명의 사랑은 대사명을 따르는 구체적인 행동으로 나타난다. 기도를 통해 복음을 전하는 사람과 복음을 듣는 사람의 마음이 준비된다. 따라서 우리 기도는 복음을 전하는 대화로 나아갈 것이다.

교회의 성도들은 목회자가 잃어버린 영혼들에게 여러 가지 이유로 복음을 전한다는 것을 알아야 한다. 신자들은 대부분 복음을 한 번도 전해보지 않았을 것이다. 복음주의 계열의 그리스도인 중 60퍼센트는 지난 6개월 동안 예수님을 모르는 사람에게 복음을 전한 적이 없다고 응답했다. 그리고 57퍼센트는 비그리스도인 친구나 사랑하는 이와 예수님에 대해 대화를 나눈 적이 없다고 답했다.[3] 그러나 잃어버린 자들은 우리 주변 어디에나 있다.

나의 아버지 세대는 2명 중 1명이 매주 교회에 출석했다. 내가 속한 X세대의 경우에는 3명 중 1명이 매주 교회에 다니고, 나의 자녀 세대는 4명 중 1명이 매주 교회에 다닌다. 이 흐름은 그렇게 고무적이라고 볼 수 없다. 미국인 대다수가 자신이 그리스도인이라고 주장하지만, 그리스도인을 자처하는 사람들은 대부분 이번 주일에 교회에 출석하지 않을 것이다. 우리 지역에서 교회에 다니지 않는 사람들은 교회 출석에 관심이 없어서일까? 아니면 초청을 받아본 적이 없어서일까?[4]

많은 사람이 교회를 떠나는 시대로 접어든 지도 오래되었다. 목회자는 죄인을 향해 분노를 터뜨리기보다 그들이 세상 죄를 지고 가는 하나님의 어린양을 바라보게 해야 한다. 우리는 단순히 복음주의 제도에 대한 비전을 제시하고, 재치 있는 교회 슬로건을 내세우라고 부름받은 것이 아니다. 잃어버린 이웃을 사랑하는 것을 우리의 우선순위로 삼아야 한다. 다시 말해, 이웃을 향해 대계명을 실천해야 한다는 말이다.

목회자들이여, 현관 앞에 앉아 지나가는 이웃들의 이름을 다 말할 수 있는가? 이웃의 이름도 모른다면, 이웃을 사랑한다고 말하는 것은 공수표일 뿐이다. 그러므로 무엇보다 먼저 이웃을 알아가는 일부터 시작해야 한다.

전 세계의 이웃을 사랑하기

복음주의자라면 이웃을 사랑하는 일이 복음을 열방에 전하는 것이라는 데 동의할 것이다. 그러나 실제로 전 지구에 이웃이 얼마나 있는지 이해해보려고 한 적이 있는가? 유엔(UN)은 전 세계 인구가 대략 75억 명이라고 발표했다. 2100년에 이르면 그 수는 112억 명에 이를 것이라고 한다.[5]

나는 그들을 전부 사랑해야 하는가? 아니면 나의 모국인 미국의 3억 3천만 명만 사랑하면 되는가? 미국은 매일 세계화되고 있고, 중국과 인도를 제외하면 가장 다양한 인종 집단이 살아가는 나라다. 중국과 인도 두 나라는 미국보다 대략 10억 명 이상 인구가 많다. 그러므로 우리의 모든 자원과 에너지를 국내에만 사용하는 것은 현명하지도 성경적이지도 않다.

잃어버린 영혼과 상처 입은 이들을 향해 냉담한 마음을 품고 있다면, 그 죄를 있는 그대로 고백하라. 그리스도의 사랑에 사로잡히게 해달라고 기도하라. 요나처럼 하나님이 맡기신 사명을 피해 도망하고 있다면 멈추라. 다시 사명을 회복하고 지역과 전 세계 이웃을 향한 대계명의 사랑을 회복하게 해달라고 구하라.

하나님은 요나의 완고한 마음을 바꾸어주셨다. 이것은 우리같이 무기력하고 반항적이며 분노에 찬 사역자들에게도 희망이 있다는 뜻이다. 하나님은 또한 야만적인 니느웨 사람들의 마음도 변화시켜주셨다. 이 말은 우리를 가장 불편하게 하는 이웃에게도 희망이 있음을 의미한다. 그리스도인은 하나님이 보내시는 곳 어디든 열정을 품고 가는 선교사로 부름받았다.

목회자와 지도자는 동원가의 역할을 자주 한다. 그렇다고 해서 목회자 자신은 그 대상이 될 수 없다는 말은 아니다. 전 세계의 이웃과 열방을 대하는 우리 시선에 게으름, 냉담함, 인종주의가 영향을 미쳐서는 절대 안 된다.

아브라함과 그의 후손은 모두 열국을 향한 축복의 통로로 부름받았다. 그 당시 이스라엘 백성이 처한 환경을 생각하면, 이웃을 사랑하라는 명령은 따르기 어려웠을 것이다. 교회는 아브라함의 영적 후손들로 이루어져 있고, 열국을 축복하는 동일한 부르심에 응해야 한다. 초대 교회 시대부터 성령님은 인종적, 문화적으로 다른 사람들에게 교회를 보내셨다.

집사였던 빌립은 신약에서 민족의 장벽을 넘어 복음을 전한 최초의 리더다. 하나님이 꿈에 찾아오신 후 베드로는 결국 빌립의 뒤를 따랐다. 그리스도인의 성숙에 관한 야고보의 편지는 우리에게도 같은 소명을 품을 수 있는 원리를 제시한다. 그는 이렇게 썼다. "너희가 만일 성경에 기록된 대로 네 이웃 사랑하기를 네 몸과 같이 하라 하신 최고의 법을 지키면 잘하는 것이거니와 만일 너희가 사람을 차별하여 대하면 죄를 짓는 것이니 율법이 너희를 범법자로 정죄하리라"(약 2:8-9).

아래 질문에 답해보라.

— 당신과 인종이 다르거나 생각이 다른 친구가 있는가?
— 당신과 신앙이 다른 친구가 있는가?
— 당신과 정치 성향이 다른 친구가 있는가?

하늘의 아버지를 사랑하지 않아도 세상의 이웃을 사랑할 수 있다. 하지만 세상의 이웃을 사랑하지 않고서 하늘의 아버지를 사랑할 수는 없다.

우리를 비난하는 이웃

때로 우리가 사랑하도록 부름받은 영적 약자들이 우리를 공격하려 할 것이다.

내가 무슨 말을 하려는 것인지 알 것이다. 예수님은 이웃의 범위를 확대하여 이방인을 포함하셨는데, 심지어 원수도 이웃으로 규정하셨다.

> "또 네 이웃을 사랑하고 네 원수를 미워하라 하였다는 것을 너희가 들었으나 나는 너희에게 이르노니 너희 원수를 사랑하며 너희를 박해하는 자를 위하여 기도하라 이같이 한즉 하늘에 계신 너희 아버지의 아들이 되리니 이는 하나님이 그 해를 악인과 선인에게 비추시며 비를 의로운 자와 불의한 자에게 내려주심이라 너희가 너희를 사랑하는 자를 사랑하면 무슨 상이 있으리요 세리도 이같이 아니하느냐 또 너희가 너희 형제에게만 문안하면 남보다 더하는 것이 무엇이냐 이방인들도 이같이 아니하느냐"(마 5:43-47).

이 말씀은 이웃을 사랑하라는 명령에 대한 전통적인 해석이 근본적으로 변화된 것을 보여준다. 새로운 기준은 모든 문화적 규범에 쇄신을 요구했고 지금도 그러하다.

한 목회자는 수십 통의 긴 편지를 익명으로 보낸 고약한 교인에 대해 이야기해주었다. 이 사람은 나머지 교인들에게도 같은 편지를 보내는 것이 맞다고 보았다. 실제로 그는 비판의 은사가 있다고 주장한 셈이었다. 하지만 내게는 저주에 더 가까워 보인다.

당신이 어떤 교회에서 섬기든지 혹은 어떤 리더십의 자리에 앉아 있든지 결국 비판을 받을 것이다. 정성을 쏟고 뜨겁게 사랑했던 사람들에게 상처도 받을 것이다. 바울도 그런 일을 겪었고, 당신도 그런 일을 겪을 것이다. 젊은 목회자에게는 이런 일이 특별히 고통스러운 기억으로 남을 수 있다. 누군가 비난의 칼을 휘두를 때 자신을 방어하는 일에 상대적으로 서툴기 때문이다.

먼저 화해의 손을 내밀라. 목회자를 마치 동네북을 치듯 달려드는 긴 역사가 있는 교회에 있다면, 새로운 교회를 찾아보라. 평신도 리더라면 목회자를 좋아할 필요는 없지만, 그를 사랑하고 존경해야 한다. 지금 시무 중인 목회자에게 전임 목회자가 저지른 일의 대가를 치르게 하는 일이 없도록 주의하다.

하나님나라를 위해서라도 믿음의 가족과 오랫동안

불화를 빚는 일이 없도록 해야 한다. 신자뿐만 아니라 불신자도 패배할 것이다. 교회가 성장하는 데 방해가 되고, 그리스도의 명성을 해칠 것이다. 예수님은 우리를 비난하는 사람들에게 사랑으로 반응하라고 명령하셨다.

"새 계명을 너희에게 주노니 서로 사랑하라 내가 너희를 사랑한 것 같이 너희도 서로 사랑하라 너희가 서로 사랑하면 이로써 모든 사람이 너희가 내 제자인 줄 알리라"(요 13:34-35).

사랑은 잃어버린 바 된 세상이 우리가 그리스도의 소유임을 알게 하고, 그들에게 그리스도가 누구신지 알려 주는 것이다. 반면 수많은 그리스도인의 마음에 터를 잡고 있는 미움은 잃어버린 영혼들을 교회에서 쫓아내고 있다. 예수님은 용서하지 않는 마음은 용서받을 수 없다고 말씀하셨다. "너희가 사람의 잘못을 용서하지 아니하면 너희 아버지께서도 너희 잘못을 용서하지 아니하시리라"(마 6:15). 산상 설교에서 주신 이 말씀은 충격적일 정도로 강력하다.

요한일서 2장에서는 주 안에서 형제자매를 미워하는 사람들을 가리켜 어둠 속에 사는 거짓말쟁이라고 묘사한다. 우리는 모두 이웃이나 자신에게 하나님의 은혜가 필요하다는 사실을 잘 안다. 그 사람이 누구든 혹은 우리를 어떤 식으로 대하든 그들을 사랑하라. 그 사람이 당신을 거부하거나 교회를 거부할 수도 있다. 비극적이지만 예수님을 거부할 수도 있다. 하지만 우리는 여전히 우리 원수를 사랑하라는 부르심을 받고 있다.

대계명에 순종하는 리더

대계명에는 무관심하면서 대사명에 열정적인 목회자를 만나본 적이 있는가? 나는 그런 목회자를 많이 만났다. 그들은 함께 지내기가 쉽지 않은 사람들이었다. 이렇게 목표 중심적인 리더는 건물과 헌금과 세례자 수를 자랑하는 데 열을 올린다. 선교와 제자도와 하나님나라 확장에 대해 말하기를 좋아한다. 이런 것들은 사랑이라는 본질적 요소를 실천하며 추구한다면 모두 칭찬할 만한 목표다.

그 반대는 어떤가? 대사명에는 무관심하면서 대계명을 추구하는 목회자를 만나본 적이 있는가? 나는 한 명도 생각나지 않는다. 대계명에 순종하는 목회자는 반드시 대사명을 따르는 삶과 사역을 실천할 것이다. 그런 목회자는 하나님과 이웃을 사랑하라는 강권에 순종하기 때문이다.

다음 마지막 장에서는 대계명과 대사명이 우리 일상생활과 사역에서 서로 어떻게 보완되는지 살펴볼 것이다.

앞에서 대사명에 대한 말씀을 읽었지만, 다시 한번 읽어보자. 그런데 이번에는 사랑에 관한 대계명을 생각하면서 읽어보라.

> "그러므로 너희는 가서 모든 민족을 제자로 삼아 아버지와 아들과 성령의 이름으로 세례를 베풀고 내가 너희에게 분부한 모든 것을 가르쳐 지키게 하라 볼지어다 내가 세상 끝날까지 너희와 항상 함께 있으리라 하시니라"(마 28:19-20).

하나님께 전적으로 헌신하고자 한다면 결국 복음을 들고 나갈 수밖에 없다. 우리가 받은 그 놀라운 은혜와 사랑을 어떻게 혼자서만 간직할 수 있겠는가?

바로 지금 성령님이 세상을 향한 우리 마음을 점검해 주시도록 잠잠히 그분 앞에 나아가라. 모든 문제를 다 내려놓을 준비를 하라. 목회는 처음부터 끝까지 하나님이 어디로 보내시든지 우리 이웃을 사랑하는 사명을 받아들이고 감당하는 것이다. 그러므로 우리의 의지는 내려놓고 하나님이 주시는 사명에 순종하라.

12장
평가와 적용

가장 큰 계명은 절대 흔들림 없는 처음 사랑으로 우리를 다시 부른다. 이 책을 읽고 성령님이 우리 마음에 새롭게 좌정하심으로 예수님을 향한 사랑이 다시 불타오르기를 기도한다.

두 번째로 큰 계명 역시 마찬가지로 사랑하라는 요청이다. 우리는 예수님이 사랑하시는 사람들을 사랑해야 한다. 먼저 가장 가까운 이웃부터 사랑해야 한다. 하나님과 이웃을 더욱 사랑하고 싶다는 마음의 열정이 없는 사람이라면 여기까지 이 책을 읽지 않았을 것이다.

시간을 내서 나와 함께 이 여정을 해준 당신에게 감사의 마음을 전한다. 처음부터 마지막까지 좋은 지도자로 섬기고 싶다는 마음은 칭찬받아 마땅하다! 하나님이 당신의 인생과 사역에 어떤 일을 하고 계신지 내게 알려준다면 더없이 기쁠 것이다. @markdance를 검색하면 모든 소셜 미디어 채널을 통해 나에게 연락할 수 있다. 인터넷 사이트 markdance.net에서 무료 구독을 신청하면, 격주로 올리는 나의 블로그 게시물을 이메일로 받아 볼 수 있다.

이 책을 마무리하는 지금 당신이 대계명과 대사명에 관련된 관계들을 평가하고 개선하는 데 도움을 줄 30일간의 도전 과제를 소개하고 싶다.

자신의 현재 상태를 파악하면, 구체적인 목표를 설정하여 더 적극적으로 실천하고자 노력할 수 있다. 다른 책이나 연구 자료를 보기 전에, 시간을 내서 성경의 가장 중요한 명령을 지금 삶에 어떻게 적용해야 하는지 보여 달라고 기도하라. 오늘 기도라는 첫 단계를 시작하면, 그토록 바라는 대계명을 따라 사는 삶과 대사명에 순종하는 사역을 냉담하게 바라보는 마음이 자라날 수 없을 것이다.

이제부터 소개할 자기 평가와 적용은 간단하다. 하지만 두 번째 계명을 실천하는 데 매우 중요한 역할을 할 것이다.

가족이라는 이웃

자신의 가족을 향한 사랑이 더 깊어지고 있는지 어떻게 알 수 있는가? 당신의 일정표에는 가족과 함께하는 시간에 투자한다는 증거가 있는가? 앞으로 30일 동안 가족과 깊이 대화할 수 있는 방법을 한 가지 이상 구체적으로 적어보라. 이 30일 동안 배우자와 단 둘이 데이트를 하는 시간도 계획해보라.

"사람이 자기 집을 다스릴 줄 알지 못하면 어찌 하나님의 교회를 돌보리요"(딤전 3:5).

친구라는 이웃

사탄이 구사하는 가장 효과적인 전략은 아마 고립일

것이다. 사탄이 자신의 대적인 우리를 고립시키면, 우리는 방어적으로 행동하게 되고 이기적으로 변한다.

그 누구도 혼자서는 제대로 싸울 수 없다. 그러나 우리는 제임스 본드나 람보나 배트맨같이 홀로 적과 싸우는 영웅에게 열광하기 때문에 이런 말을 들을 때 혼란스러울 수 있다. 사람들은 홀로 적을 물리치는 활약에 환호를 보낸다. 하지만 우리가 혼자 전투에 임할 때 좋아하고 응원하는 이는 사탄밖에 없다. 심지어 영웅들도 연대할 때 더 잘 싸운다(가령, 어벤저스, 저스티스 리그, 반지 원정대, 댈러스 카우보이스가 그렇다. 미안하다. 너무 흥분한 것 같다).

말하고자 하는 요지는 우리는 고립될 때 약해진다는 것이다. 우리가 고립되어 있을 때, 권력, 탐욕, 욕망, 온갖 종류의 중독적 행위의 유혹이 우리를 향해 광분하여 소리친다.

목회자의 배우자를 대상으로 한 조사에서 발표한 세 가지 결과를 보면 상당히 우려스럽다.

— 배우자 10명 중 1명만이 교회 친구와 속내를 털어놓고 교제할 수 있다고 대답했다.
— 10명 중 7명은 중요한 문제를 터놓고 이야기할 사람이 거의 없다고 응답했다.

— 목회자 3명 중 1명은 고립감을 느낀다고 대답했다.[1)]

인생과 사역은 홀로 감당하기에는 너무나 버겁다. 그러므로 사역이 독방에 갇히는 형벌이라는 통념을 과감히 거부하기를 바란다. 우리는 그리스도인 형제들에게 건강한 교제가 필요하다고 설교하며 가르친다. 그러나 우리 자신은 고립을 자처할 때가 너무 많다. 우리는 다른 교회 리더들뿐 아니라 이웃과 우정을 나누려고 노력해야 한다. 절친한 친구가 없다면 먼저 교회 안에서 찾아보라.

가장 친한 사람은 누구인가? 그와 마지막으로 대화를 나눈 때가 언제인가? 빈칸에 친한 친구들의 이름을 적어보고, 이번 달에 그들과 소통할 수 있는 방법을 한 가지 적어보라.

전 세계의 이웃

하나님은 모든 제자를 선교사로 부르신다. 예수님은 제자들을 "나아오라"고 부르시고, "가서" 제자 삼으라는 사명을 맡기셨다. 교인들이 아직 제대로 훈련받지 못하고 도전받지 못했다면, 그 책임은 전적으로 우리에게 있다.

에베소서 4장 12절에 따르면, 성도들을 준비시키지 않는 것은 사실상 그들을 방치하는 것이다. 그러나 우리는 계획대로 실행하는 것 이상을 해야 한다. 먼저 우리 마음에 변화가 일어나 그들의 마음이 변화되도록 도와야 한다. 이제 우리 마음이 열방을 향한 사랑으로 가득 차게 해달라고 기도해야 할 때다.

마지막 날, 우리가 기꺼이 가고자 하는 그곳에는 오직 교회의 성도들만 함께 갈 수 있다. 교회에 다니지 않고 구원받지 않은 이웃을 향한 사랑이 차갑게 식어버렸다면, 사랑의 불꽃이 다시 타오르게 해야 하지 않겠는가? 이번 달에 교회에 다니지 않는 사람과 우정을 나눌 방법을 한 가지 적어보라.

포기하지 말라!

이 책이 당신에게 은혜의 여정이 되기를 기도한다. 죄책감이라는 방해물은 결국 수포로 돌아갈 것이고, 우리 삶과 사역에 일시적인 영향만 미칠 것이다. 그러므로 죄책감이 든다면 성령님이 시작하신 일을 마치시기를, 그리하여 우리가 경주를 힘차게 마칠 수 있게 해달라고 간구하라. 만약 우리가 사역을 제대로 마무리한다면, 시작할 때 부어주신 하나님의 은혜가 끝까지 함께했기 때문일 것이다.

목회자나 선교사나 사역 지도자로 섬기는 것은 그 어떤 일보다 가슴 벅찬 일이고, 은혜를 생생히 누리는 모험이다. 우주의 왕께서 자기 백성으로 하여금 주를 향한 사랑이 자라도록 이끄시고, 그들에게 맡겨진 사명을 완수하도록 돕는 일로 우리를 부르신다는 개념은 생각만 해도 경이롭다. 하나님은 우리에게 바로 그런 일을 맡기신 것이다. 그러므로 우리도 맡은 소명에 끝까지 충실해야 한다.

> "내가 달려갈 길과 주 예수께 받은 사명 곧 하나님의 은혜의 복음을 증언하는 일을 마치려 함에는 나의 생명조차 조금도 귀한 것으로 여기지 아니하노라"(행 20:24).

바울이 같은 사역 팀에게 마지막으로 남긴 편지에는 사역을 온전히 마무리하는 방법에 대한 귀중한 모델을 보여준다.

> "나의 떠날 시각이 가까웠도다 나는 선한 싸움을 싸우고 나의 달려갈 길을 마치고 믿음을 지켰으니 이제 후로는 나를 위하여 의의 면류관이 예비되었으므로 주 곧 의로우신 재판장이 그날에 내게 주실 것이며 내게만 아니라 주의 나타나심을 사모하는 모든 자에게도니라"(딤후 4:6-8).

주

서론

1) Tom Bowman, "Major Combat in Iraq Over, Bush Declares," Baltimore Sun, 2003년 5월 2일자, https://www.baltimoresun.com/bal-te.bush-02may02-story.html.
2) Tim Peters, "10 Real Reasons Pastors Quit Too Soon," ChurchLeaders, 2018년 4월 6일자, https://churchleaders.com/pastors/pastor-articles/161343-tim_peters_10_common_reasons_pastors_quit_too_soon.html?utm_content=buffer99dde&utm_medium=social&utm_source=facebook.com&utm_campaign=buffer&fbclid=IwAR1l_jRMMzJREgkwxLyK-nF-Q89PVsnR7H6fvBXtHkgaThx.
3) "Study of Pastor Attrition and Pastoral Ministry," Lifeway Research, 2022년 10월 13일 접속, https://research.lifeway.com/pastorprotection/.
4) "Few Pastors Left the Pulpit Despite Increased Pressure,"

Lifeway Research, 2021년 10월 25일 접속, https://research.
lifeway.com/2021/10/25/few-pastors-left-the-pulpit-despite-
increased-pressure/.

1장

1) 이 격언은 『성공하는 사람들의 7가지 습관』(*The 7 Habits of Highly Effective People*, 김영사 역간)의 저자 Stephen Covey가 한 말이다.
2) Bill Bright, *First Love: Renewing Your Passion for God* (Union City, CA: New Life Publications: 2002), 19쪽. 『처음 사랑』(규장 역간)
3) David Ferguson, *The Great Commandment Principle* (1998; rev. ed., Cedar Park, TX: Relationship Press: 2013), 9쪽.
4) 전 UCLA 대학 농구 코치 John Wooden.

2장

1) 유엔 홈페이지(un.org)를 참고하라.

3장

1) Brian Croft, Jim Savastio, *The Pastor's Soul: The Call and Care of an Undershepherd* (County Durham, UK: Evangelical Press: 2018).
2) David Kinnaman, Gabe Lyons, *Good Faith: Being a Christian*

When Society Thinks You're Irrelevant and Extreme (Grand Rapids: Baker, 2016). 『좋은 신앙』(도서출판 CUP 역간)
3) "Letter to My Younger Self," *The Players' Tribune*, 2016년 11월 1일자. https://www.theplayerstribune.com/articles/ray-allen-letter-to-my-younger-self.

4장

1) Lindsey Bever, "Woman Wakes Up in Morgue. The 'Lazarus Phenomenon' Surfaces More Than You Think," *Washington Post*, 2014년 11월 17일자. https://www.washingtonpost.com/news/morning-mix/wp/2014/11/17/woman-wakes-up-in-morgue-the-lazarus-phenomenon-surfaces-more-than-you-think/.
2) John Ortberg, *Soul Keeping: Caring for the Most Important Part of You* (Grand Rapids: Zondervan, 2014), 164쪽. 『내 영혼은 무엇을 갈망하는가』(국제제자훈련원 역간)
3) Dave Johnson, "Leader's Insight: The High Price of Dying (to Self)," *Christianity Today*, 2007년 봄호. https://www.christianitytoday.com/pastors/2007/april-online-only/cln70416.html.
4) Jane G. Goldberg, "Psychoanalysis: A Treatment of the Soul," *Huffington Post*, 2011년 8월 26일자. https://www.huffpost.com/entry/psychoanalysis-freud-history_b_904139.

5장

1) Matt Bloom, *Flourishing in Ministry: How to Cultivate Clergy Wellbeing* (Lanham, MD: Rowman & Littlefield, 2019), 7쪽.
2) Aaron Earls, "Pastors Have Congregational and, for Some, Personal Experience with Mental Illness," Lifeway Research, 2022년 8월 2일자, https://research.lifeway.com/2022/08/02/pastors-have-congregational-and-for-some-personal-experience-with-mental-illness/.
3) Scott Barkley, "GuideStone Expands Focus on Helping Pastors Start Well, Finish Better," Kentucky Today, 2022년 7월 23일자, https://www.kentuckytoday.com/baptist_life/guidestone-expands-focus-on-helping-pastors-start-well-finish-better/article_17811cd6-0a8a-11ed-8c0d-3b5dbae94bbc.html.
4) "Pastor Protection Research Survey," 2015년 3월, https://research.lifeway.com/wp-content/uploads/2015/08/Pastor-Protection-Quantitative-Report-Final.pdf.
5) "Study of Acute Mental Illness and Christian Faith," 2014년 5월, http://research.lifeway.com/wp-content/uploads/2014/09/Acute-Mental-Illness-and-Christian-Faith-Research-Report-1.pdf.
6) Paul David Tripp, *Dangerous Calling: Confronting the Unique Challenges of Pastoral Ministry* (Wheaton, IL: Crossway, 2012), 21쪽. 『목회, 위험한 소명』(생명의말씀사 역간)

6장

1) Elisabeth Elliot 편집, *Journals of Jim Elliot* (1978; repr., Grand Rapids: Revell, 2002), 174쪽.
2) Chuck Norris, *Against All Odds: My Story* (Nashville: B&H Publishing Group, 2004), 245쪽.
3) "Overweight and Obesity Statistics," 미국 국립 소화기병 신장병 연구소(National Institute of Diabetes and Digestive and Kidney Diseases), 마지막 검토일 2021년 9월, https://www.niddk.nih.gov/health-information/health-statistics/overweight-obessity; https://www.cdc.gov/obesity/data/adult.html.
4) "Assessing Your Weight and Health Risk," 미국 국립 심장, 폐 및 혈액 연구소(National Heart, Lung, and Blood Institute), 2022년 10월 14일 접속, https://www.nhlbi.nih.gov/health/educational/lose_wt/risk.htm.
5) "Top 10 Things to Know about the Second Edition of the Physical Activity Guidelines for Americans," Health.gov, 2022년 10월 14일 접속, https://health.gov/our-work/nutrition-physical-activity/physical-activity-guidelines/current-guidelines/top-10-things-know.
6) David Frost, *Billy Graham: Candid Conversations with a Public Man* (Colorado Springs: David C. Cook, 2014), 181쪽.
7) "Why We Don't Take Vacation," 〈타임〉(*Time*), 2016년 7월 11일자, https://time.com/4389139/why-dont-we-take-vacation/.
8) *Christian Counseling Today*, vol. 10, no. 3, 2002.

7장

1) 1920년 「심리 평가의 지속적인 오류」(*A Constant Error in Psychological Ratings*)라는 제목의 Edward Thorndike가 쓴 논문에서 후광 효과('후광 오류'라고도 함)라는 용어가 심리학 연구 모임에서 처음 도입되었다.

8장

1) Cara Buckley, "Man Is Rescued by Stranger on Subway Tracks," 「뉴욕타임스」(*New York Times*), 2007년 1월 3일자, https://www.nytimes.com/2007/01/03/nyregion/03life.html.
2) Kathryn Spink, *Mother Teresa: An Authorized Biography* (New York: HarperOne, 2011).

9장

1) "Pastor Spouse Research Study," 2017년 8월, http://research.lifeway.com/wp-content/uploads/2017/09/Pastor-Spouse-Research-Report-Sept2017.pdf.
2) Peter Scazzero, *The Emotionally Healthy Leader: How Transforming Your Inner Life Will Deeply Transform Your Church, Team, and the World* (Grand Rapids: Zondervan, 2015), 92쪽. 『정서적으로 건강한 리더』(두란노 역간)
3) Charles H. Spurgeon의 설교, "The Heavenly Race," New

Park Street Chapel, 1858년 6월 11일, www.spurgeon.org/resource-library/sermons/the-heavenly-race#flipbook/.

4) Charlotte Alter, "Paul Ryan's Demand for Time with Family Prompts Hypocrisy Charges," 「타임」(*Time*), 2015년 10월 21일자, https://time.com/4081956/paul-ryan-house-speaker-race-republicans-congress-family-leave/.

5) Shana Lebowitz, "Paul Ryan Says He's Retiring to Stop Being a 'Weekend Dad,'" BuinessInsider.com, 2018년 4월 11일자, https://www.busines+sinsider.com/paul-ryan-retiring-to-spend-time-with-family-2018-4.

6) "Lifeway Research 2017 Survey of American Pastor's Spouses," Lifeway Research, 2022년 10월 17일 접속, http://research.lifeway.com/wp-content/uploads/2017/09/Pastor-Spouse-Quantitative-Long-Report-2017.pdf.

10장

1) Sheena McKenzie, "British Explorer Henry Worsley Dies Crossing Antarctic 30 Miles Short of Goal," CNN, 2016년 1월 25일자, https://www.cnn.com/2016/01/25/world/henry-worsley-explorer-dies-antarctic.

11장

1) Than Merrill, "Top 10 Fastest Growing Cities in the US,"

2022년 업데이트, https://www.fortunebuilders.com/fastest-growing-cities-in-the-us/.

2) "Frisco at a Glance 2021," Frisco, 2022년 10월 18일 접속, https://www.friscotexas.gov/DocumentCenter/View/4900/2021_At-A-GlancePDF?bidId=.

3) "Christians Say They Are Seeking but They Aren't Having Evangelistic Conversations," Lifeway Research, 2022년 5월 24일자, https://research.lifeway.com/2022/05/24/christians-say-theyre-seeking-but-not-having-evangelistic-conversations/.

4) "The State of the Church 2016," Barna, 2016년 9월 15일자, https://www.barna.com/research/state-church-2016/.

5) "World Population Projected to Reach 9.8 Billion in 2050, and 11.2 Billion in 2100," United Nations, 2022년 10월 18일 접속, https://www.un.org/en/desa/world-population-projected-reach-98-billion-2050-and-112-billion-2100#:~:text=COVID%2D19-,World%20population%20projected%20to%20reach%209.8%20billion%20in%202050%2C%20and,Nations%20report%20being%20launched%20today.

12장

1) Bob Smietana, "Pastor's Spouses Experience Mixed Blessings," Lifeway Research, 2017년 9월 12일자, https://research.lifeway.com/2017/09/12/pastors-spouses-experience-mixed-blessings/.